勝手に売れ続ける最高のセールス

自動で集客、疲弊しない！

店頭販売、
車・保険の
営業、士業
まで！

成田直人
Narita Naoto

JN129516

ダイヤモンド社

はじめに

突然ですが、本書を手に取ったあなたはセールスが得意ですか？　それとも苦手ですか？

ちょっと苦手かもな……と思ったならあなたの力になれるかもしれません。

「営業や販売は実績を上げなければいけないのはわかっているんだけど、いつも思うような結果が出なくてどうしたらいいのかわからない」。日々、そんな悩みを抱えていませんか？

実は成果が出ない理由は、お客さまを思う「優しい気持ち」が邪魔になっている場合が多いのです。

「えっ？　どういうこと？」と少し混乱させてしまったかもしれません。

もちろんお客さまに喜んでもらえるのは嬉しいし、頼られるようになると気分も上がる、でもこんな気持ちになれるのは１０００回セールスをして１回あるかどうか。９９９回は相手に嫌な顔をされながら断られることの繰り返し……「セールスってそういうもの」だと思っていませんか？

いいえ、違います（僕は断言できます！）。

あなたが未体験なだけで、**お客さまに感謝されて売れまくる理想のセールス**があるんです。

この売り方に気づけないと、「気合いと根性があってストレス耐性が高い人だけが結果を出せる」という思い込みを消すことができません。

一般的なクロージング主体のセールスは、お客さまのことを考えずに「売る」ことがゴール。他者への貢献よりも自分が得をすればよいという前提があります。だから、相手に断られても気にせずに、〝売り込む〟ことへの高いモチベーションを持ち続けることができるのです。

あなたは、どうですか？

「そんな鋼のようなメンタル、私には無理……」

はい、それが普通だし、そのままでいいです。

お客さまに対して強引にセールスをする自分も嫌いだし、嫌な顔をしているお客さまの顔を見るのも複雑な気持ちになる……こんな風に思いますよね？

僕も１００％同意です。

申し遅れました、僕は年間１００回以上セールス研修をする研修講師であり本書で紹介するセールス構築をするセールスコンサルタントをしている成田直人と申します。いわゆる商品を売るプロです。

そんなプロである僕がなぜあなたの気持ちがわかるのか？　それは読み進めていただければよくおわかりいただけると思います。

これまでの一般的なセールスといえば、以下の2パターンでゴリゴリに売り込みをかけるというものでした。

①購入を検討しているお客さまに対して：

自社商品の提案をし、他社商品との比較で悩んでいるお客さまに対して他社を否定し、畳み掛けるように台本に沿ってトークを展開して強く売り込みクロージングをかける

②まだ購入検討段階に至っていないお客さまに対して：

まだ商品に興味を持っていなくても、手にすればきっと役に立てるという前提のもと、商品提案し、他社に流れないように即決に持ち込み逃げられないようクロージングをかける

つまり、ニーズがあろうがなかろうが、とにかく売り込んで押し切る、という売り方です。このセールス手法を取ると短期的には成果が出ても、離職者が続出してしまい、ごく一握りの〝メンタル強者〟しか残りません。人手不足時代に、人を使い捨てにするセールス手法なんです。

僕自身、この2パターンのセールスを顧客の立場で何度も受けたことがあります。「いかがですか」「いかがですか」と延々とクロージングをかけられながら、「あなたにはこの商品が良いはずだ」と洗脳されているような気持ちになり、正直、恐怖心と嫌悪感が生まれたのです。そして、何度売り込みをかけられても、**「なぜこの商品じゃなきゃダメなのか？」**がどうしてもわかりませんでした。

これは当たり前で、「売り込まなければ売れない」、一方的なセールスをしているからなんです。

お客さまにそんな思いをさせてまで売ったとして、あなたに何が残ると思いますか？

確かにこのやり方で売上を上げれば、あなたの給料は上がり、昇進もしていくかもしれません。

でも、そのためには、1日に何回、何十回、何百回と断られても、気合いと根性で売り続けなければいけません。そうしてどんどん自分自身をすり減らしていって、やがて静かに退職をしていく。これは営業、販売に従事する人の典型的な離職パターンとよく聞きます。

社内の飲み会に参加しても、上司の営業パーソン時代の武勇伝を聞けば、「僕にはそんな気合いと根性もないしな」と聞けば聞くほど飲む酒が不味くなる……。ふと、そんな暗い気持ちを顔に出してしまった日には、「お前はそんな顔をしているからいつまでも売れないんだ」とさらにダメ出しされる始末……。

セールスってこんなにしんどいだけの仕事なんでしたっけ?

僕はそう思いません。むしろこんなに素晴らしい仕事は他にないと思っています。

だから、２００７年に僕が設立したセールスを中心とした研修・コンサルティング会社は18年間も続いているのです。好きでなければ、そしてクライアントの役に立っていなければ、こんなに長く続けられないですよね。

性格が優しいと、お客さまに売り込む時に「あ、これからの説明、きっと聞きたくないんだろうな」と思いながら、「でも話をしないと上司(店長)に怒られるから」と、心を無にして商品提案を始める。その感覚は決しておかしくありません、それが普通なのです。

それならば、と、心機一転「もっとお客さまに寄り添ってご提案すればよいのでは?」とは思うものの、具体的にどうやればよいかがわからないから、結局今までのセールス手法に依存してしまう……。

ご安心ください、本書にすべての答えがあります。

毎回、売ったら「次」、売ったら「次」の繰り返しでお客さまのアフターフォローもままならない。一人ひとりのお客さまを心から大切にしながら、ご縁の中からほかのお客さまを紹介していただいて自分の成績もどんどん上がっていくような、そんな理想のセールスってないのかな?

はい! 答えはすべて本書にあります!

自分で本書の価値のハードルを上げていますが、**優しくて傷つきやすいお客さま思いの方にこそ本書はお役に立てます。**

本書に、売り込む、売り抜く、といった世界観は一切存在しません。

僕自身もセールスに悩んだからこそあなたの気持ちは痛いほどわかります。

本書でこれから説明する話を通してあなた自身のセールスの考え方、手法すべてをアップデートする自信があります。

新しい販売、営業、セールスの手法に出会うことで、これからあなたは今まで以上に肩の力を抜いて、お客さまのことだけを考え抜いて仕事ができます。お客さまとお話をして時には笑い、一切クロージングすることなく、自然と売れ続けていく理想のかたちを手に入れることができるでしょう。


ジャパンブルーコンサルティング株式会社　**成田直人**

目次

第2章

なぜあなたのセールスは売れないのか

第3章 「売り込まないセールス」とは何か

第4章 自動的に売れ続ける仕組みの作り方

第5章 販売自動化で税理士の年商を3倍の6000万円にした方法

第1章

なぜ、「勝手に売れていく」のか？

理想的なセールスは「売り込まずに勝手に売れていく」もの

「営業を受けて良かった」と思った人は、たった3割

本書では「売り込むことなく」年商を3倍にし、売れないセールスパーソンがトップセールスになるための「勝手に売れていくセールス」についてお話をしていきます。

「売り込まないセールス」と聞くと、営業や販売の仕事では「売り込まないで売れるはずがない」「クロージングこそが最も重要なことで、そのコツを知りたいんだ」と反論する人が多いと思います。

また、「勝手に売れていく」と言うと、「ｉｐｈｏｎｅのようなよっぽどみんなが欲しがる商品じゃない限り、そんなはずがないじゃないか」「お客さまに声をかけて、その商品の良さをアピールするから売れるんだ」という反応をよく頂きます。

でも、考えてみてください。あなた自身がお客さまの立場に立った時、果たして「売り込まれる」ことは好きでしょうか。「いかがですか？」「いかがですか？」と言われたら「ほっといてほしい」と思いませんか？

Ｂａｓｅｃｏｎｎｅｃｔ社の調査(https://company.baseconnect.in/news/detail/35)によれば、営業を受けた消費者のうち、「良かったと思った経験をしたことがある人」がたったの3割しかいません。これまでさまざまな営業を受けても7割の人は1度も「良かった」と思ったことがないわけです。つまりほとんどのセールスパーソンが、お客さまにとってお得なことを何一つ提供できていないということになります。

ここからわかるように、本質的に人が嫌がることをして成果を上げることは、とても難しいことなんです。

だから、多くの人たちが「営業されること」をすごく苦手にしているだけでなく、苦手な体験をしているがゆえに、「営業すること」もまた多くの人が苦手にしているのです。実際、店頭で接客・販売業務をするにしても「売り込む」や「クロージング」に、ものすごく苦手意識を持っていて、「うまくいかないな」と悩んでいる人が多いと思います。

逆に、人が嫌がる「売り込み」「クロージング」をして、売上を上げている人というのは特殊な才能を持っている人で、その人のやり方をまねてもうまくいかないことがほとんどなのです。

そこで、本書では営業や店舗販売、あるいは士業の方を含む個人事業主の方で「売り込む」ことが苦手、あるいは商談に苦手意識を持つ皆さんに対して、「売り込まずに勝手に売れていく」理想的な販売手法を紹介します。とくに難しいことはありませんし、口下手でも大丈夫です。ぜひ身につけていただきたいと思います。

そして、一度この販売手法を身につけると、皆さんは「店舗販売」「車の営業」、あるいは自分自身を売り込む税理士や行政書士といった「士業」など、どんな仕事をするにしても、同じように成功を「再現」することができます。なぜなら、本書で身につけてもらう販売、営業手法は、「勝手に売れていく」売り込まないセールスであり、そのための「セールスマインド」を身につけることを最大の目的にしているからです。

売り込まないセールスを身につけるための手順として大きく以下の3段階があります。

①なぜ、「勝手に売れていく」のか？（第1章）
②なぜあなたのセールスは売れないのか（第2章）
③売り込まないセールスとは何か（第3章）

その3つを身に着けたうえで、実践編として

④自動的に売れ続ける仕組みの作り方（第4章）
⑤販売自動化で税理士の年商を3倍の6000万円にした方法（第5章）を解説します。

まずは、①なぜ、「勝手に売れていく」のか？

ここでは、なぜ「売り込まないセールスデザイン」が生まれたのかについての理由を説明するとともに、売り込まないセールスデザインを十分に実行していくためには、ベースとなる「マインドセット」が非常に重要になるため、そ

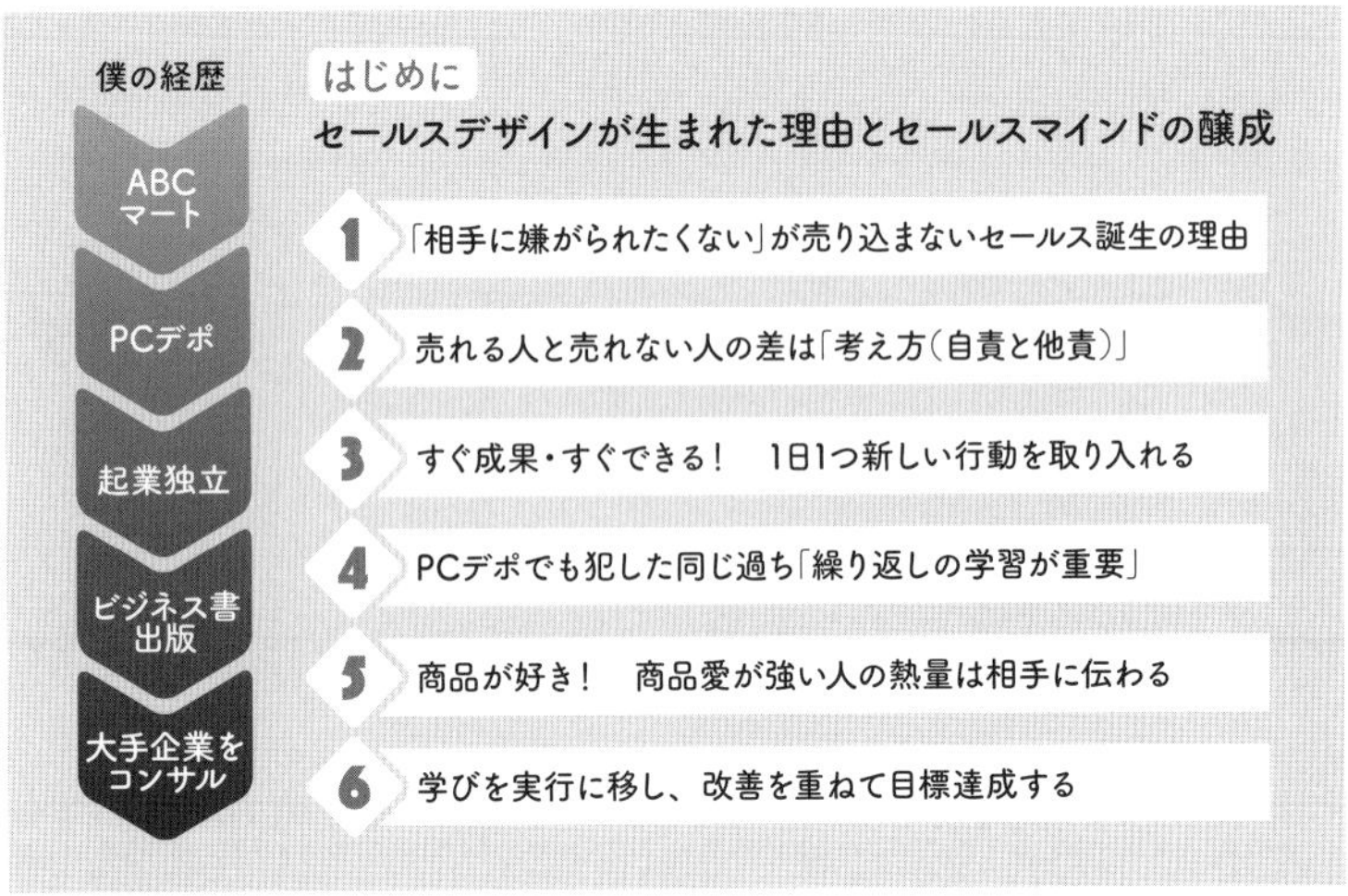

のマインド醸成のやり方から始めていきます。

売り込まないセールスが生まれた理由

簡単に僕自身の経歴を説明します。キャリア初期は、靴販売店のABCマート、家電（とくにパソコン）専門店のPCデポで、店頭の販売員として活動してきました。

その後、接客や販売に特化したコンサルティング会社を23歳の時に立ち上げて2025年で18年目になります。これまでに大手を中心に約300社のコンサルティングや企業研修などさまざまな形でサポートさせていただいています。

実は、店頭販売員時代も、コンサルティング会社を経営し自ら企業をコンサルティングする今も、これまでのキャリアの中でほとんど「売り込んだ」という経験がありません。その理由やなぜ売り込まずに売れるのかについて、僕の体験をもとにお話ししていきます。

売り込まずに売れるようになるための意識や心構えのことを本書では「セールスマインド」と呼びます。僕自身の経験から編み出し体系化したこのセールスマインドを醸成するには、大きく6つの段階があります。ここでは簡単にテーマとその要因だけふれることにして、詳細は次節で解説していきます。

1つ目が「売り込まないセールス誕生の理由」。後述しますが、僕にはめちゃくちゃ強い根本的な欲求として「相手に嫌がられたくない」ということがありました。

相手に嫌がられずに売っていくためには、ある「背景」を理解する必要があります。それによってまずは相手の立場に立つことができるようになります。

2つ目が「売れる人と売れない人の違いは何か」を理解すること。これは基本的に考え方の違いによるもので、ここが納得できないといつまで経ってもその人（あなた）のマインドは変わりませんので、まず腹落ちしてもらいます。

3つ目が「すぐ成果が出て、すぐできる！　1日1つの新しい行動を取り入れる」。僕が担当している全クライアントが結果を出しているのですが、その理由は「行動が変化しているから」なんですね。この点について、実例を交えてお話しします。

4つ目が「PCデポでも犯した同じ過ち」です。僕はABCマートで「個人売上日本一」という成功を成し遂げ、鳴り物入りでパソコン専門店のPCデポに入社しました。ところが、最初は全然売れませんでした。なぜ、売れなかったのかというと、実は「自分自身の考え方が元通りになってしまっていたから」なんですね。一度成功した人の多くが自信過剰になり、陥りがちなポイントです。

5つ目が「商品が好き！　商品愛が強い人の熱量は相手に伝わる」。やはり商品に誇りを持ってないと、売れるものも売れないという話です。売り込まないセールスという技術を体得する以前の話なのですが、すごく効果的で重要なことです。

最後が、「学びを即実行に移して、改善を重ねて目標達成する」。

僕はクライアント先でよく「ＰＤＣＡおじさん」と言われるのですが、それぐらい、とにかく今のこの事象に対して超高速でＰＤＣＡを回していく、ということを大事にしています。

第1章では、以上の売り込まないセールスのマインドセットを醸成するのに重要な6つのポイントについて、僕のキャリアを通して話をしていきます。

「相手に嫌がられたくない」一心から生まれた売り込まないセールス

いじめ体験から生まれた、売り込まないセールス

僕は小さい頃、猛烈にいじめられていました。

そこで、生き抜くために「いじめられないためにはどうしたらいいのか」を子供ながら必死に考えました。それが、「相手に嫌がられたくない」という欲求につながり、この売り込まないセールスが誕生する大きなきっかけとなったのです。大げさに思われるかもしれませんが、本当の話です。

いじめには必ず、いじめる側であるいじめっ子の存在があります。であれば、いじめっ子の心理を読み、いじめっ子の「いじめスイッチ」を押さないようにすれば、いじめられなくなるわけです。

まずは、いじめっ子がどうして人をいじめるのか、自分が相手にいじめられる前後の状況を思い返しながら、「いじめっ子の心理とその変化」を考えていきました。

僕がいじめっ子にとって嫌なことをしたり（要は僕が相手の言うことを素直に聞かなかったとか、理不尽な話なわけですが……）、相手をキレさせるようなフレーズを言ってしまったりだとか、あるいはちょっと調子に乗ったことを言ってしまった時に、いじめっ子の「いじめスイッチ」がオンになるこ

セールスデザインが生まれた理由とセールスマインドの醸成

1 「相手に嫌がられたくない」一心から生まれた売り込まないセールス

- 幼少期にいじめられていた
- 人にされて嫌なことはしたくない
- アプローチもできればしたくない
- クロージングもしたくない

→ どうしたら欲しいと言ってもらえるのか？

とに気がついたんですね。

そこで、いじめられないためには、そうした要素を消していくことが重要だと悟り、とにかくそのことを一番に考えて行動する癖が付いたのです。

今考えると、幼い頃から徹底的に**相手を起点にしたコミュニケーション**を取っていたわけですね。

だから今でも基本スタンスとして、他人にされて嫌なことは、僕は他人にしたくないんです。

従来の〝売り込む〟販売プロセスは不可思議

それは仕事でも同じことです。

店頭の販売員であれば顧客にアプローチしなければいけないですよね。

ＡＢＣマートを例にとれば、店に入って商品を見ていたら「良かったら履いてみてくださいね」と言われると思いますし、声かけされた経験がない人はむしろいないと思います。

アパレルの店員さんも「良かったら着てみてくださいね」と必ず言いますよね。でも、自分がお客の立場の時だったら「着たかったら着たいと言うから、今は声かけるなよ」と思ってしまいますよね？

そしていざ試着すると、そのあとは販売員が「いかがでしょうか」「いかがでしょうか」と、もうゴリゴリにクロージングをかけてきます。サイズ感や色味、シルエットが好みじゃない、と言って断ろうとしても、別のサイズや色味の商品をあらかじめ準備していて、「逃げる口実」を潰してくる販売員もいます。

それで「買わされてしまう」から、店の売上にはなりますが、嫌な体験を毎回するうちに、お客さまは買い物自体が辛く苦痛なものになっちゃうんですね。自然と店から足が遠のいてしまうわけです。

一方、僕は**クロージングをしたくない**し、できれば**声かけもしたくない**。お客さまから声をかけられて、お客さまから欲しい、と言ってもらえる形を作りたい。

この理由は、僕の性格でもあるのですが、売り込むことができないからです。

「ＡＢＣマートで売上日本一になっておいて、売り込むことができない、なんて嘘だろ」と思うかもしれないですが、本当です。積極的に自分からセールスをかけられる人を、僕はすごく羨ましいと思うのですが、先述した子供の頃からの〝癖〟もあって、相手の顔色をうかがってしまうんですね。

販売の一連のプロセスは、実に不可思議です。

お客さまとすごく楽しく会話ができる時間帯と、いきなりゴリゴリに売り込まなければいけない時間帯があって、それぞれで真逆のことをしなければなりません。僕にはこの真逆のことをする切り替えがたまらなく嫌だったのです。

実は、大学卒業後、就職する予定だった会社があるのですが、内定を辞退した理由の一つが、テレアポができなかったからです。根本的なところで、僕はセールスに向いていないのです。

だから、一般的といわれるセールスのやり方ではなく、自分の特性を生かしたセールスに特化していく必要があるなと考えました。そして、ＰＣデポに入ってから独立をするという道を選んだのです（内定を断ったと言いながら、ＡＢＣマートに入っているじゃないかと思うかもしれないので補足しますが、ＡＢＣマートで売上日本一になったのは、学生時代の話です）。

まとめると、「人に嫌がられたくない」「嫌われたくない」という根元的な欲求が自分の中で大きかったので、いかに嫌がられずに商品やサービスを売っていくのかということを、自身の必然として考え、身につけていったということです。

それをきっかけにして、売り込まずにお客さまから商品やサービスを購入してもらう、売り込まないセールスを開発したのです。

売れる人と売れない人の差は「考え方」
自責と他責

売れる人も売れない人も絶対に経験することとは

本書では実際に、「売り込まないセールスの技術」を体得していただきますが、そのために必要な基礎固めからしていきましょう。

突然ですが、皆さんは、**売れる人と売れない人の決定的な違い**は、なんだと思いますか？

その答えに自力でたどりつくために、まずは売れる人も売れない人も絶対に経験することは何かについて考えてみてください。

思い当たりましたか？

売れる人も売れない人も必ず経験することは**「売れないという瞬間」**です。

トップセールスの人でも、百発百中で商品やサービスが売れることは、まずありえません。

僕もＡＢＣマートで日本一の販売員になった時でも、１日１００組に接客したら１００組すべてに売ることはまずできなかったです。

当たり前ですが、売れないという瞬間を毎日何度も何度も経験します。この時に自分がどういう反応をするかがすごく重要なのです。

セールスデザインが生まれた理由とセールスマインドの醸成

2 売れる人と売れない人の差は「考え方（自責と他責）」

売れる人も売れない人も経験する
「失注」の受け止め方

顧客や環境のせいにしても
売上は1円も上がらない

僕も、ABCマートに入って、最初からバンバン売っていたわけではありません。全く売れないところからスタートしたんですね。

どれぐらい売れなかったのかっていうと、他のメンバーは1日15万円〜20万円も売り上げているのに、僕は1日2万円ぐらいしか売ることができなかったです。他のスタッフも同じ商品を売って、同じ時間、同じ場所で働いているから、与えられた環境は一緒です。

人や環境のせいにしても、売上は1円も増えない！

始めた当初は、「なぜ売れないのか」という本質的な理由に気づけませんでした。そして顧客や周りの環境のせいにしまくっていたのです。

商品が売れないと、店長から呼び出されます。

「ナリ（僕はそう呼ばれていました）、ちょっとおいで」と。

それで店長のところに行くと「お前が今30分接客している間に、他のメンバーはもう一足二足売っているぞ」「お前だっていい感じにお客さまと喋れているのに何で売れないんだ？」と聞かれます。

僕はその時にいつもこう言ってしまっていました。

「お客さまは今日は見にこられていただけみたいです」「ふらっと立ち寄っただけみたいです」「一回考えて、土日にまた来ると言っていました」……。


売れないのは、**僕のせいではなくて、お客さまにニーズがなかったのだと考えていた**のです。


実は、こういうマインドの人は、どれだけ売り込まないセールスデザインを学んだところで役に立ちません。根本の「マインド」から変えないといけません。

つまり、人や環境のせいにしない、ということが売り込まないセールスのすべての起点になります。

顧客に対してどうサービスをしていくのかももちろん大事ですが、それ以上に重要な土台そのものです。人や環境のせいにする人は、どんなメソッドを使ったとしてもやっぱり売れないのです。


僕が売れない理由の2つ目として挙げていたのが「商品」です。僕の現在のクライアントでもある「スポーツオーソリティ」というスポーツ用品専門店が、僕の働いていた店の目の前にあったからです。

そこでは、僕の働いていたＡＢＣマートと同じ商品を扱っているだけでなく、全く同じ靴が30％オフぐらいで売られていました。さらには、もうちょっと坂を上がっていくと、「東京靴流通センター」という店舗があって、そこでは同じ靴が安い時は半額ぐらいで売られていたのです。

「値段が高いから売れない」「品揃えがしょぼいから売れない」「だから売れないのは僕のせいじゃない」と僕は言っていました。


３つ目が「立地」です。僕が働いていたＡＢＣマートの店は実際、場所がとにかく悪かったのです。百貨店の5階で、お客さまが全然こないような場所にありました。だから売れないのは僕のせいじゃない、「こんな場所に店を出すＡＢＣマートはおかしい！」と当時は本気で思っていました。

のちに、おかしかったのは僕の頭の方だったということに気づいたのですが、当時はそうやって人や環境のせいにしていました。

当時の僕のような人は何をしても売れるようにはならないので、まず考え方をきっぱり改めなければいけません。

では僕は、なぜ変われたのかというと、「クビを宣告された」からです。

入社から3か月の間、「お前はいつも人や環境のせいにしているな」と店長から言われ続けながらも、ヘラヘラと懲りずに人と環境のせいにして仕事を続けて、いよいよクビになりかけたのです。

これが大きなショックとなり、バチーン！と目が覚めたのです。

「人や環境のせいにしても、売上は1円も伸びない」ということに気づいて、いかに人や環境のせいにしない環境を自分で作っていくのか、ということに向き合うことにしました。

簡単に言うと、「言い訳を言わない」と固く心に刻み、徹底することにしました。

すぐ成果・すぐできる！1日1つ新しい行動を取り入れる

スポーツで負けた時、道具のせいにしませんよね!?

これが売れる人のセールスマインド醸成3つ目「すぐ成果・すぐできる！　1日1つ新しい行動を取り入れる」という話です。

全く売れない状態が続き、何度店長から指導されても反省せずに他人のせいにすることだけを、僕は3か月も続けました。「もういらない」って言われても仕方がないですよね。

でも、このままでは学費も払えなくなるし、志半ばで辞めるのも悔しいじゃないですか。

そこで、何がいけなかったのかなと考えた時に、出てきた答えが、人や環境のせいにしているということでした。

これに気づけたのは、僕のスポーツ経験が活きたからです。

僕は部活動でバドミントンをしていて、全国大会に出られるレベルの選手だったのですが優勝には手が届きませんでした。だから、分野は違うけれども、今度はＡＢＣマートで日本一を取りたいと思って入社したわけです。

それでは、バドミントンの試合で負けた時、「コートが滑る」とか「ラケットの調子が悪い」とか、そんな言い訳をするのかといえば、言いません。「実力が無かった」、ただそれだけですから。

僕のＡＢＣマートでの行動を振り返ってみる

セールスデザインが生まれた理由とセールスマインドの醸成

3 すぐ成果・すぐできる！　1日1つ新しい行動を取り入れる

①一流から学習をする

②すぐできること・すぐ結果につながることから選ぶ

③短期の成功体験でモチベーションアップ

④続けることで日本一の販売員になった

と、まさに周りや外部環境、会社のせいにしてばっかりだなと気づきました。

これじゃいつまでも勝てる選手になれるわけがない、つまり売れる人にはなれないという風に心を改めることができたのです。

僕の場合は、スポーツという体験に置き換え、うまくいかない理由を分解して考えたことで、だから売れないんだということがよくわかったわけですね。

インプットがない人は頑張っても答えを出せない

売れない理由はわかりました。では売れない理由がわかったからといってすべて解決かといえば、そんなわけはありません。

店長にこう言われたんですね。

「ナリ、どうしたら、売れるようになるかを考えておいで。もっともっとこれからうちのお店でシフトに入っていきたいんだったら、心を改めたって言うんだったら、どうしたら売れるのかを考えておいで」

そこで、一応考えたんですよ。ポクポクポク……って。

でも、1度も「チーン」と鳴らなかったんですね。

なぜ「チーン」と鳴らなかったのでしょうか。ぜひ覚えておいてほしいのですが、インプットがない人間がどれだけ頭を使ったところで、いいアイデア、解決策なんか生まれるわけないということです。

どうしたら売れるようになりますか?と問いかけられて、売る能力がない人間が考えたところで、出てくるアイデアは大したことがないんですよ。

だから僕はどうしたのかといえば、**考えることを止めました**。

「一流に学ぶ」ことが一番の近道

それでどうしたのかっていえば、**一流の靴屋さんに足を運ぶ**ということに、考えを切り替えたんですね。一流の靴屋さんとは何かといえば、東京の新宿や銀座、青山にあるような、超高級な靴屋さんのことです。

当時は知恵がなかったので、一流の靴屋さんに足を運べば、つまり高額な靴屋さんに足を運べば、間違いなく売れるアイデアがたくさんあるだろう、そういう人から学べば売れるようになるのではないか、とちょっと短絡的ですがそう考えたわけです。

そしてお店に行って、扉を開けたわけですね。それから数分後、「ああ、これは売れるわ」と悟りました。

当時僕は金髪でソフトモヒカンで、後ろ髪を伸ばして、ロック系のTシャツにハーフパンツ履いて、鎖をジャラジャラたらしていました。一方、一流の靴屋さんで働いている店員さんは、全員髪の毛は黒く、洋服もスーツをパリッと着こなして、言葉遣いもものすごく丁寧でした。かっこいいなあ、こういう人から買いたいなあ、と普通に思いました。だからそもそもスタンスからして全く違っていました。「何もかも間違っていたんだな」と痛感したのです。

何事も「一流の人から学ぶことが一番の近道」です。

結果を出していない人から学ぶことは本当に意味のないことです。結果を出している人から学ばなければいけないし、逆に言えば僕のように人に教えたいのだったら結果を出すべきです。

僕はこの2つのことをすごく大事にしているので、僕自身、売上日本一になり、さらにはコンサルタントになった今でもクライアント先の店頭に立ち、トップセールスにならなきゃと思って一生懸命販売もしてます。もちろん、僕が教えることで、自分のクライアント先が圧倒的な実績を出すということをすごく大事にしています。

この「圧倒的な実績」を出してもらうために、必ず皆さんにやってもらいたいことが、**「1日1つ新しい行動を取り入れる」**ということです。

僕自身、「一流から学ぶ」ことにより、ABCマートで全く売れないところから日本一になる大きなきっかけを得ることができたわけですが、一度「一流から学ぶ」と、別の一流を見ても立ちどころに学ぶべき点を見つけられるようになりました。

靴屋さんを見て衝撃を受けたその足で、今度はスターバックスコーヒーに行って「なぜこの人たちはこんなに売れるのか」「なぜ僕はこんなに売れないのか」を考えてみたのです。

不思議なことに、その理由は立ちどころに湧いてきて、実に60個以上の学ぶべきアイデアが出てきました。

いくらアイデアが湯水の如く湧き出てきたとしても、実行できなければ意味がありません、無理しすぎて全部やろうと思っても結局中途半端に終わります。

そこで次に大事なことは、学んだことを全部アウトプットしようとするのではなく、まずは、すぐできること、すぐ結果につながりそうなことを選ぶことです。

短期間で小さな成功体験を得ることが重要な理由

毎日1個ずつ新しい行動を取り入れる！

その際、アイデアは「5つ」選んでください。

なぜ5つかというと、大体週5勤務の人が多く、毎日1個ずつ新しい行動を取り入れてほしいからです。

日々の商談のたびでもいいし、ロールプレイングするたびでも、接客するたびでも構いませんが、「新しい行動を取り入れる」「新しいフレーズを試してみる」「新しい言い回しをしてみる」「新しい質問を加えてみる」ことに挑戦してください。それによって、**意図して日々成長していく、成長が実感できる**ようになり、これが習慣付けと、さらなる新しい行動への動機付けになります。

実際に僕が最初に取った行動というのは、①髪の毛を黒くする、②髪の毛を短くする、③着ていく洋服にアイロンをかける、④言葉遣いが乱暴だったので敬語を学ぶ、そして5つ目が、これまでは寝ぐせがついたまま仕事をしていましたが、ABCマートを代表する販売員なので、寝ぐせをちゃんと整えて、髪をスタイリングして出社する、ということでした。

「そんなの当たり前だろっ」とツッコまれる内容だと思うのですが、当時の僕は、そんなことすらできてなかったんですね。そんなわけなので「どうしたら売れるようになるのか」という店長からの問いに対して何一つアイデアが出てこなくて当然だったわけです。

では、なぜ「売れるアイデア」が何も考えつかなかった僕が1回で60個も思いつくように変わったか？

それは、**自分を客観視できるようになったから**です。人はなかなか自分を客観視できないものですが、比較する対象として「学ぶべき一流」を知ると、そこからの対比でアイデアが湧くようになるからです。

あの人は髪の毛が黒い、自分は何色だろう？

あの人は言葉遣いが綺麗、自分はどうだろう？

という風に理想と現実の自身を冷静に比較できるので、とても効果的です。

行動を維持するために、結果が出やすいことから始める！

一流の靴屋さんに足を運んで、一流の接客を受ける、その接客を受けたことから学んで実際に行動に移していくことを決めるわけですが、なぜ、すぐできること、すぐ結果につながる学びから実践することが大事なのだと思いますか？

それは、**短期の成功体験につながるから**、です。

どれだけ勉強しても結果につながらないと、その勉強するという行動を維持することはできません。

やみくもに勉強し続けても、目の前の結果が変わらないし、社会人だったら収入が増えないし、僕のような販売員や営業担当だったら売上があがらないのであれば、頑張って勉強する意味がないじゃないですか。

だから短期の成功体験というのがすごく重要なのです。

自分自身の学習のペースだったりとか、学習の仕方だったりとか、ここにドライブをかけていくためにも、まずこの成功体験を積み上げることを最優先に考えてください。

だからさっきの僕の「寝ぐせを直す」のように、簡単に取り組めることからで構わないので、短期の成功体験で、モチベーションをグン！と上げていただきたいなと思います。

その学びを続け、新しいことを取り入れ続けて、成果を上げ続ける。モチベーションが持続したことで、日本一の販売員になることができたのです。

この時、「ライバル」という存在を意識するようになります。「**こいつにだけは負けたくない**」「**なんでこいつはこんなに売れるんだ?**」という関係ですね。ライバルも当然進化し続けるわけですが、自分が成長すればするほど強力なライバルが登場します。最初は同じ店の人、次はエリアで最も売っている人、次は東京で一番売る人、最後は国内で……。

常に誰かと比較されるなかで仕事というものはしていくわけですので、常に自分がトップランナーで走り続けていくためには、自分自身が変わり続けていくということがとても重要になります。

さて、僕の個人売上なんですが、**さっきの5つに取り組んだだけで、1日2万円から10万円に上がりました**。そして10万円が12万、14万、16万ってどんどん上がっていって、最終的に1日56万円、80足の靴を売り上げて日本一の販売員になりました。

この成功体験は、靴の販売だけに通用するものではありません。この後に僕が入社したPCデポでもそうですし、独立してコンサルタントになった後も、そして僕のやり方を取り入れてもらったクライアントも、同じように結果を出しています。その意味では表面的なテクニックではなく、本質的に、「王道」のやり方だと自負しています。

したがって「これをしたら売上が100万円アップ!」のような裏技ではないので、もし本書をお読みの方でそうしたことを期待されていたら、この場で謝りたいと思います。

僕が続けていること、皆さんにお願いすることは比較的地味だし大変なことです。自身の能力を高め、スキルアップし続けていくことがとても重要なので、そのための習慣を作ることが大事。そして、習慣を作るには、やっぱり成功体験がないと難しいんですよね。なので、この成功体験を大事にしていただきたいなと思います。

ＰＣデポでも犯した過ち「繰り返しの学習が重要」

他責の癖はなかなか治らない！

ＡＢＣマートで日本一の販売員になった後に、僕はパソコン専門店の「ＰＣデポ」に移るのですが、**いやーもう、やっちまいましたね。**

ＡＢＣマートで日本一を取って、当然ながら、自信もあったわけですよ。

鳴り物入りで入社したのに、前と同じ、全然売れないところから始まったんです。

ゴールデンウィーク期間という大セール期を含む1か月でたった400万円しか売ることができませんでした。他の社員と比べても並みかそれ以下のレベル。どれくらい売れなかったかというと、実はこのあと僕は何のセールもない、定価でしか商品を販売しないような11月に1700万円も売っているんですね。そう考えると、いかに僕が全然売ることができなかったか、ということがわかると思います。

では、なぜ売れなかったのかというと、これまたマインドなんです。考え方なんですね。

ある日のことです。お客さまから、「これはどういう意味？・」と商品説明のPOPを指さしながら聞かれたんですね、僕はわからなかったので、店内にいるマネージャーに聞きに行きました。当時はパソコンに詳しくなく、商品知識があまりなかったから、スタッフに確認するしかなかったんですね。

ところが、運悪くマネージャーは接客中だったため「ちょっと待ってね」と言われ、待つこと数分、ようやく意味を知ってお客さまのところに戻ったら、すでにお客さまはいませんでした。

「もう帰っちゃったのかな」と思っていたら、レジの方で「ドーンっ！・」って叩く音が聞こえたんですよ。「何だろう？・」と思って向かってみると、そのお客さまがテーブルを叩きながら、「プロを出せよプロを！　素人なんか店に置くな、ふざけるなよ！」と怒りだして、そのまま帰っちゃったんですよね。

その時僕はどう思ったかというと、いやいやいや、ちょっと待ってくれと。僕まだ入って1か月だぞ、パソコンのこともまだロクに知らないのに、しょうがないだろうと。

つまり、他責にしてしまったんですね。他人や環境のせいにする時って、学習もおろそかになりがちですし、その習慣がまだ形成されていなかったわけです。

他責の癖は「思考の習慣化」で防げる！

そう他責にした後、僕はどうしたかといえば、すぐに気づきました。一回同じ経験をしているからですね。そこで学習の習慣を身につけよう、パソコン専門店の販売員として必要な知識を身につけようと、行動に移しました。

当時、書店には『アスキーＰＣ』などのパソコン専門誌がたくさん並んでいました。パソコンを自分で組み立てる系の雑誌もありました。

それらを一通り買ってきた次の日に、店長に「1時間早く出社してもらえませんか、僕に教えてください！」とお願いしたのです。

そして早く来て、自宅で勉強してもわからなかったことについて「これはどういう意味ですか？　あれはどういう意味ですか？」と質問しまくっていきました。これによって、最初は断片的な知識だったのが、だんだん点が線になり、ちょっとずつわかってきました。少しずつわかってくるにつれて、だんだん売上が上がるようになってきたわけですね。


ここで強調したいことは、他責にしないこと、学ぶこと、をたった一度読んだだけで理解した気にならないでほしいということです。

大事なことは「思考の習慣化」です。何度も何度も繰り返し、実践することで、身につけるものです。

僕はバドミントンをやっていましたが、目をつぶったまま何回でも相手側のライン上にシャトルを打ち込むことができます。これは何百万回も同じ動作を繰り返したからできるんですね。つまり身についたからです。

これと同じ発想で、思考と行動を習慣化しましょうということ。バドミントンと違って、

10回もやれば身につきますから、そんなに難しいことではないです。

ただ、1度や2度では絶対身につきません！　どうしても、売り込んでしまったり、クロージングに頼ったりする営業や販売手法に戻ってしまうんですね。

これが僕が、日本一を経験するまでに、散々「売れない」ということを体験して、「自分は最悪だったな、もう二度とこんな思いはしたくない」と思ったにもかかわらず、同じことを繰り返していた、という経験です。

人はそう簡単に変われない、ということを十分に理解した上で、繰り返し、愚直に取り組んでいただきたいと思います。

商品が好き！商品愛が強い人の熱量は相手に伝わる

商品を好きになることが、売上を上げるコツ！

このようにして初心を取り戻した僕は、ＰＣデポで7か月で1億円という売上を達成します。この1億円達成のきっかけは、何だったのか？

それは**「商品を好きになること」**でした。

先ほど商品知識が「点から線になっていった」という話をしましたが、これをさらに続けていくことで「面」になっていったんですね。いわゆる断片的な知識から、横断的、ひいては網羅的な知識になったわけです。

で、それができたきっかけが、パソコン、商品を好きになったからだったんですね。

では、具体的にはどんなことをしたのか？　同じ店舗で一緒に働いていた、僕の2歳下で三枝君というパソコンオタクともいえるガチで詳しい人と友達になったのですが、彼からこんな提案を受けました。

「成田君、君の『毎日ブログ』（当時僕は、販売員としての毎日をブログに綴っていました）を見てて思ったんだけど、もっと売れるようになりたいんだったら、もっとパソコンを勉強した方が良いよ。今も勉強してると思うんだけど、一度、イチから組み立てる経験をするとすっごくパソコンのことがわかるようになるから、一緒に組み立てようよ」

それで、一緒に組み立てることにしました。ハードディスクにＢＩＯＳ（ＯＳの起動や、ＰＣと接続機器間の入出力を制御するプログラム）を設定して、ＯＳをインストールするとかをしてパソコンができ上がるんですけど、めちゃくちゃ動きが速いですし、まあコスパ良いですよ。7万円ぐらいの予算で、30万円ぐらいするメーカー品と同スペックのものが作れます！

余談ですが、僕が今自宅で使っているパソコンも自分で組んだものですし、興味がある人はぜひトライしてみるといいと思います。

自分で組んでどうだったか？　やっぱり商品を自分で組み立てると、商品知識が付くだけでなく、すごくパソコンに愛着がわいて、興味が持てるようになったんですよ。これまではどちらかといえば、仕事のためにパソコンを無理やり勉強していたんですが、自作という経験を通じて、パソコンが好きになったんですね。

そこから、ものすごく売れるようになったのです。

実際、思い返してみると、ＡＢＣマートでもきっかけは同じでした。

ぶっちゃけた話、ＡＢＣマートに入った当初、僕は靴にそれほど興味がありませんでした。もちろん面接では、受かるために「好きです」と言いましたが。

実際、当時の僕はコンバースとアディダスの靴しか自分で買ったことがなく、靴も2足しか持っていませんでした。

一方、店で一緒に働いていたメンバーは、みな大体１００足ぐらい靴を持っていたんですね。繰り返しますが、１００足です。やばくないですか？「お前らはイメルダ夫人か*」とツッコみたくなるぐらい、僕はもうびっくりしてしまったんですね。

「なぜ、そんなに持っているのか」と聞くと、靴、とくにスニーカーが好きすぎて、集め

*フィリピンの元大統領夫人のイメルダ・マルコス、靴のコレクターとして有名で３０００足のコレクションがあったと言われている

ているからなんですね。ナイキには「ダンク」というスニーカーがあるのですが、これだけで100足も持っているスタッフもいました。

彼らは、実にたくさんの靴を売っていました。**好きだから売れる**んですね。なぜかと言えば、お客さまに説得力を持って、どれだけ自分はこのブランドやこの靴のことを愛しているかを語れるからなんですね。別にナイキの回し者でもないABCマートの1スタッフが、「ナイキのこの靴はこういうところが最高なんですよ」と熱量高く語りかけて、お客さまも「そうっすよね」と話をしていくうちにその熱に浮かされて、いつしか買わないという選択肢がなくなるぐらい欲しくなる。だから、この**熱量の高さはすごく重要**なんです。

そして好きであるがゆえ、商品知識がズバ抜けて高いわけです。どこを突かれても100％即答することができます。つまり、「得意な領域で勝負する」ということも大事なわけです。

自分の強みを発揮できる場所で勝負する

僕の場合は、商品をわかりやすく説明する、ということを強みとしていました。パソコンの知識だけでいえば、玄人の人には太刀打ちできません。でも、知識を身につけるとパソコンが好きになるので、勉強することがすごく好きになってきます。そこで、「じゃあ自分の強みはどこにあるんだ、どこを伸ばすべきか？」を考えるわけです。僕は、マニアックな用語をわかりやすい言葉に置き換えていく、ということに強みを持っていると考えました。そこで、まずは、自分の扱っている商品に誇りを持つこと、そして自分の強みにしたがって、**自分が一番強みを発揮できるところで勝負していく**ことを徹底しました。

その結果、僕は7か月で1億円売ることができました。**「商品知識をつける」↓「好きになる」↓「強みを設定する」↓「強みを発揮できる場所で戦う」↓「さらに商品知識をつけていく」という正のスパイラルを回す**ことが重要です。

ここで、ＡＢＣマート時代に話を再び戻します。スタッフはみんなスニーカーが大好きでした。スニーカーって大好きな人が多い一方、競争が厳しいですよね。一方、僕はなんでもよかったので、ＰＣデポ時代と同様、特化する領域を一つ決めました。それがビジネスシューズでした。単価も高いからです。

ビジネスシューズに特化したことで、結果的にその道では誰にも負けないぐらいの知識を身につけました。

ビジネスシューズの知識を高め、商品を好きになる上でやったことは、実はＰＣデポでやったパソコンの組み立てと同じです。え？っと思うかもしれませんが、**靴を自分で組み上げた**んです。

どういうことかというと、靴を作ってくださったメーカーさんには申し訳がないのですが、既製品の靴をＡＢＣマートで買って、専門の業者さんにお願いして、**靴を半分に切ってもらった**んです。そして、**製法や構造を細かくチェック**しました。紐も全部ほどいて、それを組み上げていきました。これによってビジネスシューズの特性や構造がわかりますから、自信を持って提案できるようになったのです。

このように、自分で一から作るというのは商品知識を高め、他社にない強みを知るきっかけにもなり、商品を好きになる上で役立つのでおすすめです。読者の皆さんが従事されているのは、販売から営業、コンサルティングまでさまざまだと思いますが、自社の商品やサービスを一から作り直してみると、いろんな発見があるのでぜひやってください。この経験が、この後行う、「売り込まないセールス」をする上で、重要な一つのピースになります。

学びを実行に移し、改善を重ねて目標達成する

一流のやり方を100%真似するのは不可能

ここまでセールスマインドの醸成ということで、①売れない理由を**他責にせずに自責にする**、②一流から学ぶことを通して、自分を比較し、売れない理由を自覚する、③一流からの学びを1日1個ずつ取り入れ、成功体験を積み重ねる、④商品知識の勉強をして商品を好きになる、⑤他者と差別化する自分の強みを自覚し、さらに自分の強みを伸ばす、⑥思考を習慣化できるまで繰り返し学習する、ことを説明してきました。

ここでもう一つ、実践的で成果が出る学びにする上で、大事なことを話します。それは、**一流から学ぶべきところを、100%そのまま真似ることはまず無理**だということです。

ABCマートの時、僕は一流の靴屋さんに足を運んだわけですが、そもそも靴の値段だって10万円〜15万円の高単価のものを販売する靴屋さんに対して、僕は高くても2万円ぐらいのビジネスシューズです。来店されるお客さまの層も違いますし、接客のスタイルだってABCマートの場合は少しカジュアルになります。服装だって、パリッとしたスーツでは浮きますから、少しラフな格好になりますよね。その方が、ABCマートに買いに来るお客さまにとっては気兼ねなく入店できて良いですから。

だから、100%同じことはできないので、いかに自社のビジネスに**「置き換え」**て、品質の高いサービスを提供していくか、がポイントになってきます。100%そのままトレースできないので、何度もアイデアを出して試しては改良していくというようにPDCAを回していきながら、自分のビジネスに適合したモデルへとブラッシュアップしていってほしいなと思います。

実際、僕はこれを徹底してきたことによって販売日本一になり、PCデポでも7か月で

1億円を販売しました。それは、コンサルタントとして独立してからも続いています。僕には師匠と呼ぶべき人が何人かいるのですが、どの方も僕とは全く異なるビジネスをされています。その「こんなすごいアイデアを形にしてビジネスにしているんだ！」という師匠からの学びを自分の仕事に置き換えることを繰り返してきました。その結果、僕の会社はおかげさまで創業以来ずっと業績を伸ばしていますし、今では本当に売り込むこともなく、ほぼ紹介だけで、ビジネスが回るようになっています。当社は営業人員はゼロ人ですし、僕が自分から売り込むこともありません！

僕が一人で大企業300社を顧客にできたシンプルな理由！

問い合わせと紹介だけで、このように仕事が回っているのも、すべてここまでお話ししてきた、ABCマート、PCデポでの経験がベースになっています。そしてコンサルタントになって、コンサルティングしていく、自分のコンテンツを売っていく、企業研修していくという仕事に変わってからも、自分の知恵で勝負していくにあたっても、その道のプロから学びながら、自分の経験と強みを掛け合わせて、学びを自分のビジネスに置き換えて、取り入れてきました。

僕一人でやっている会社なのですが、皆さんもよくご存じの名だたる大企業を一人で開拓し、現在で累計３００社になりました。

どうやって僕が仕事を取ってくるのか、気になりませんか？　実際、僕が、テレアポしたところで、「誰だ、お前？」という感じで、相手にされませんよ。相手は僕のことを知らないですし、人材コンサルティングを手掛ける有名企業がいくつもありますから。

だったらどうするのかといえば、「紹介」です。

どう紹介を生んでいくのかということも自分に合ったやり方に置き換えてやってきたのですが、これは第５章で、**売上が１９００万円から６０００万円まで伸びた個人会社を事例にして解説**します。

実は、自然にビジネスが拡大し、営業しなくても回っていく、そんな手法が存在します。これも、誰かに教わってそのままやるのではなく、「置き換える」ことが重要。ぜひ、本章での学びをしっかり頭に焼き付けて、５章を読んでいただければと思います。

第1章で言いたいことは、売り込まずにセールスすることは可能だということ、そしてその売り方は無数に存在するのですが、売り込まないセールスを成立させるには、いくつかの身につけるべき「ベース」があるということです。マインドを変えない限り、どんなに勉強しても、結局は他責になるので、成果が出ません。

そのマインドを変えた上で、1章で説明したことを順次実行し、習慣化されるまで繰り返すとともに、学びが自分のビジネスに合った形に置き換えられるまで何度も何度もトライしてください。

これを身につけることで、自分だけの一流のスタイルができ上がり、商品やサービスが自然と売れていくようになります。

第2章

なぜあなたのセールスは売れないのか

売れない理由①
仮説がない
そのための準備もない！

驚愕！　僕史上、最低・最悪のダメセールスに会ったときの話

本書は「現状売れていない」あるいは「もっとたくさん売りたい」と考えている方々が読んでくださっていると思います。そんなあなたの理想と現実の間にギャップがあるのは、**「実はこんなところで、お客さまにストレスを与えているからだ！」**ということに第2章では気づいていただきます。

具体的に、僕が体験あるいは自らしてしまった5つの「売れないセールス」を紹介し、そ

の理由を細かく解説していきます。ぜひ、自身の行動を振り返りながら、「私もおなじことをしていたな」とか「だから私は売れないんだな」ということに気づいてください！

18年会社を経営していろんなセールスパーソンと接してきた僕が、**驚愕するほどの典型的なダメなセールス**を体験したので、まずはその話をします。

本章では順次、5つの売れない理由を解説していきます。売れない理由の1つ目は、**「仮説がない、仮説を立てるための準備をしていない」**です。

今回の例では、それだけでなく、「こんなことで売れるはずないだろう」というさまざまなこ

1 当社に営業に来たPR会社のセールスを即断った理由

- 当社の課題確認がない
- 一方的な商品説明
- 聞きたいことが聞けない
- 「いかがですか?」のクロージング
- お断りすると明らかに不満気な表情
- その後のメールのやり取りもずさん

とを〝やらかして〟しまっています。**図表**を見てください。セールスを断った理由を6つ挙げたのですが、いかがですか？「こんなひどいやつ、いないよ」と思うかもしれませんが、実はこのうちの一つでも皆さんは無意識にやっているかもしれません。自己を顧み、他山の石とするために、一つずつ点検していきましょう。

まず僕が、「本当にこの人失礼だな」と思ったのは、「僕の会社に興味がない」ということでした。なぜなら「相手先企業(＝僕の会社)への課題確認がなかった」からです。

そのセールス担当者は、「自分たちが扱っている商品やサービスは、これだけあなたの会社をＰＲすることができる」「そのＰＲがブランディングにつながる」というロジックで話しかけてきました。

このロジック、すべての企業に当てはまると思いますか？

僕の会社は当時、10冊以上本を出していました。そればかりか、ありがたいことに毎月、たくさんの新規研修やコンサルティングのご依頼もいただいていました。つまり、現状、さらなるブランディングを行う必要性が全くなかったのです。だから、このＰＲ会社のセールストークは、僕に対して、全く「刺さる」ところがありませんでした。

ですが、例えばこういう言い方だったらどうでしょう。

「成田さんの会社は今、こんな稼ぎ方をされています。でも、これからはデジタルを使った新たな時代に突入します。そうなれば、別のライバルも出てくるでしょう。現状では表面化していませんが、この点は成田さんの会社にとっても潜在的な課題を生む可能性が出てきます。こうした点について、今から手を打っておけば、これから先10年の経営が変わってくると思いますよ」

こう聞かされると「その分野については知見が全くないから、話を聞いてみたいな」とか「何それ？　もっと聞きたいから教えてよ」という話になっていたと思います。

このように、事前に僕の会社のことを調べていれば、まず本を何冊も出していることぐらいはわかるはずです。あとは当日、話をしながらいくつかニーズ確認の質問をしていけば、僕に刺さる提案がいくらでもできたと思うわけです。

しかし、その担当者は、そんなことは一切しなかった。その代わりに「PRがブランディングにつながる」という、一方的な商品説明を続けていきました。

実際のセールストークはこんな感じでした。

「Forbes（フォーブス）という有名な経済誌をご存じですよね。この雑誌に、企業のタイアップ広告を1ページ100万円で出すことができます。成田さんがビシッとスーツで決めた写真と、インタビュー記事を出せば、これが御社のブランディングにつながります。『当社がＦｏｒｂｅｓに紹介されました』といってホームページに載せれば、それがそのまま、成田さんの会社の信頼につながりますよ」

いやいや違うでしょう、僕はすでにこれだけ本を出していて、その上で、これ以上メディア露出をしてどんな意味があるんだろう？と思いました。

ただ話を聞いているだけでは時間のムダなので、効果測定の質問もいろいろしてみました。「実際このタイアップ広告を出せば、100万円お金がかかるとします。それで、見込み客はどの程度になりますか」と。もし平均10件分が手に入るのであれば、1社分の獲得コストは10万円なので、悪くない計算になるからです。

ところがその質問はサラリと流され、自分たちの商品がいかにいいかということを説明し、あとはずっと「いかがですか」「いかがですか」とクロージングしていました。

支払う金額∨得られる価値では売り込まない限り売れない

この話は、クライアント向けの研修で、過去最もひどい事例としていつも紹介しているものです。それを聞いて皆さん、「そこまでウチはひどくない」って言うんですね。ですが、程度問題はあるにせよ、実際は似たようなことをやっています。だから売れていないんです。

なぜなら、セールスの起点が「お客さま」ではないからです。

もちろん、お客さまの課題をベースにした商品やサービスというのは存在するのですが、自分たちが売るための商品になっているんですね。顧客不在、売り手起点のセールスです。「私たちはこれができます」「こういうサービスがあります」という感じで、**主語が常に「私たち」**なんですね。

そういうセールスをしても、お客さまは自分と関連付けて考えません。すなわち「自分ごと化」されないので、「へー、だから?」で終わっちゃうんです。「こういう時はどうなる？」という疑問も湧かないので、お客さまもこのサービスの価値がわからないままです。

「私の」もしくは「私の会社の」課題に合った提案だったら、お客さまは「自分ごと」として捉えてくれます。だからいろんな疑問や「こんな時も使えるのかな」という要望などもできて、会話のキャッチボールが成立するようになります。

でもそれがないから、ただただ（早く終わってほしいと思いながら）顧客は頷くしかない。そうなると、セールス担当者側も「いかがですか」の連続になってしまうのです。

僕は、クロージングは別に悪いことだとは言いません。
しかし、支払う金額と得られる価値の関係が
支払う金額＝得られる価値
あるいは
支払う金額＜得られる価値
になっていないと、商品やサービスは売れないんです。
これが「いかがですか？」と言っているうちは、
支払う金額＞得られる価値

になっているんです。

お客さまの立場に立てば、例えば500万円の商品があるとして、話をいくら聞いても「300万円の価値しかない」と思ったら、買わないじゃないですか。

つまり、売り込みをするということは「300万円の価値しかないものが500万円ですけど、いいじゃないですか、買っちゃいましょうよ、いかがですか?」と言っているようなものなんです。

そんなもの、買うはずがないですよね?

皆さんも「買うわけない」と思うと思いますが、いざ自分が売る段階になると同じことをしているというわけです。

そもそも、クロージングを必要としている時点で、セールスというものは成り立っていないのです。

ダメなセールス担当と似たようなことをしていませんか？

売り込みによる「焼き畑農業」が絶対行き詰まる理由

こんな状態で、仮に売れた、契約してもらえたとして、そのあとはどうなると思いますか？

お客さまは価値に合わない値段で買っているわけなので、SNSやグーグルマップの口コミでひどい評価が付いていて、**「失敗した」「損した」と口コミが荒れる結果になる**でしょう。

もちろん購入後のサポートが充実していればお客さまの評価は上がりますから、アフターサポートに手間暇をかける人はそれでもいいと思います。ただ僕の経験上、売り込みをして利益を出している人は、お客さまとの関係も「売れたら終わり」ということが、残念ながら多いです。「売ること＝ゴール」なので、そういったやり取りになってしまうわけです。

もちろんSNSやグーグルマップ上で「良い口コミ」が溢れれば、それを見て新しいお客さまが来てくれたり、新しい方を紹介してくれたりという好循環が生まれます。けれども、クロージング重視のセールス設計は、次につながりません。顧客ストックがいつまでも溜まっていかない分、新しいお客さまを永遠に獲得し続けなければいけない。「焼き畑農業」みたいなもので、人口減少が続くと、いつかは限界が来てしまいます。

ぶっちゃけた話をすると、今まではそんな売り込みセールスが成立していました。当社に営業に来たPR会社も、その時点ではそこそこの売上を立てていたと思います。

なぜなら**以前は、あからさまな悪徳商法でない限りは、悪い口コミや評判がそれほど拡散しなかった**からです。

でも今はあらゆる人がSNSでつながり、誰でも気軽に口コミを投稿できるようになりました。口コミで企業を選ぶ、そんな文化が今でき上がりつつあります。それはBtoC

（対一般のお客）のみならずＢｔｏＢ（対法人のお客）も同様です。

それだけではありません。急に知らない電話番号からかかってきても、怪しいから電話に出ませんよね。その番号をネットで検索して、誰からの電話なのか調べていませんか？今の時代、こうした行動が普通になっています。知らない番号から電話が来ても「◎◎不動産の営業だ」とわかれば、絶対に折り返さないどころか、電話が来ても出ませんよね。

だから、クロージングが必要なセールス設計、つまり「いかがですか」と言ってお客さまに購入や契約を迫るようなやり方は、基本的に今後は通用しません。

お客さまから「検討します」と言われて、それに反論をする「反論処理」というのは、その最たるものです。

「検討します」と言われてしまう時点で、そもそも商品価値が伝わっていない。だから商品価値を伝えようとその場でセールスをやり直す。でも無理やりお願いしたりとか、「それはこうですよ」と論破したりするというのは、セールスとしては難しいのです。

他にも「今契約をしていただければ、これだけ安くします」と言ってディスカウントを持ちかけるやり方もあると思います。その商品の価値を理解した上で「どうしようかな」と思っている人の背中を押すのなら、それでもいいです。でも「今日契約してくれたらこの金額でやりますよ」といったように、最初から値引きありきのセールスをするのも良くないです。そんな方法を選んでも、お客さまは「なんでそんな安くできるの？」とますます疑い深くなってしまうだけ。だから、いずれにせよ「いかがですか？」のクロージングはしない方がいいんです。

お客はセールス担当の話を聞くためにここにいるんじゃない！

さきほど例に出したPR会社に対して、僕がどう対処したのかもお伝えしておきます。何を言われても「そうなんですか、すごいですね」と表面的に同意した上で、「ちなみになんで僕の会社にその商品が必要なんですか？」と何度も尋ねました。でも、その回答は全く返ってこない。なので「今日はこれ以上お話を聞く気はないので、お帰りいただけますか」と話をしたら、明らかに不満気な表情で去っていきました。

そうやって子供みたいなリアクションをする時点で、契約なんてできっこありません。

でも一番の問題は、準備不足で課題確認がないまま一方的な商品説明をすること。なぜなら相手の時間を奪っているからです。

お客はセールス担当の話を聞くためにここにいるんじゃない。今抱えている課題を解決するために、セールス担当がそこにいるんです。

その後、先方に「今日はわざわざ鎌倉までお越しいただきありがとうございました」というメールを僕から送りました。本来であれば「本日は貴重なお時間いただきありがとうございました」と、帰りの電車の中で先方から送ってくるのが筋だと思うんです。そういうこともなく、僕から連絡を入れてしばらく経った後、やっと向こうから返事がありました。しかもそれもすごくテンプレート化された内容。営業の担当者は淡白な対応しかできず、それを指摘する上司もいない、「こういう会社なんだな」と思いました。こう思われること自体、会社にとっては非常に損ですよね。

繰り返しますが、今まではそれでも許されていましたが、これからの時代は通用しません。なぜなら、ネットの口コミ機能があるからです。ネガティブな口コミはネットに書き込まれますし、メールであれば、そのものが晒されてしまう可能性もあります。営業に行った時のやり取りが録画されて、ＴｉｋＴｏｋとか、ＹｏｕＴｕｂｅにアップロードされてしまう可能性だってあるでしょう。

セールスは「相手の話を聞くこと」（＝ヒアリング）がベースです。まずは**相手のニーズを確認し、その上で「私たちの会社はこれができます」「あなたの会社のブランディングやPRにつながります」と商品やサービスを提案していくんです。**

自分の商談を録画して、見返すと課題がわかる！

もし、この営業担当が、こんな言い方をしていたとしたらどうでしょう。

「成田さんの会社は専任の営業担当がいないと聞きます。トップ自ら営業をする時間はなかなか取れないと思いますから、セミナーで見込み客を集めてセールスにつなげませんか？　当社はリストを持っているので、集客は私たちが担当します。成田さんの会社は、一切動く必要なく、お話ししていただくだけで十分です」と。

実際、当時当社は営業する人材はおらず、雇うほどの緊急性もないと思っていた一方で、セールスを代行してくれる人がいたらすごく助かるなと思っていました。つまりこれは、「潜在ニーズが発掘されている状態」です。

過去の事例を踏まえた上で「成田さんもそういうニーズがあったんじゃないかと思って、問い合わせさせていただきました」となれば、「この人、よくわかってる！」となりますよね。

でも、実際に当社にきたダメ営業担当者は、事前のリサーチも分析もないまま、飛び込みで「自分の会社はこれができます、あなたもいかがですか？」と言ってくる。断ったら不機嫌な顔をするし、その後のメールの内容もずさん。

「似たようなことしていないか」自身を顧みてください。

「私はそんなことない」と思うかもしれませんが、ご自身がもし売れていないのであれば、一度、商談を録音・録画して、見直してみてください。課題がわかります。

よくあるパターンは「話しすぎ」問題です。事前準備が甘いのが原因。仮説が立てられていないので、何を聞いたらいいかわからず、相手の話を聞き出せず、結局延々と自分が喋ることになってしまう。こういう人のセールスは、なかなか売れないものです。

売れない理由②
商品と課題が合っていない

顧客の課題を解決できないのなら、意味がない

あなたのセールスが売れない理由1つ目は「仮説がない、仮説を立てるための準備が不足」でした。2つ目は、**「商品と課題が合っていない」**です。これは、**取り扱っている商品やサービスは素晴らしいけれども、それが見込み客の課題に合っていないという状態**です。

簡単な例を挙げます。僕は資産運用に興味があるわけでもない、毎月お金を増やしたいとも思ってない。それなのに「成田さまにご紹介したい金融商品があります」みたいな電話

がかかってくることがあります。これが、「僕の課題に合っていない」状態です。

このように商品と課題が合っていないという状態はよく起こります。この問題を招く要因は、大きく4つある（図表）ので、それぞれ整理しながら考えていきましょう。

プレゼンテーションをする時は、相手がどんな課題を持っていて、それをどれだけしっかりと理解できるのかがすごく重要です。そして、その課題に合った商品やサービスであるという前提が必要になります。その点、売れない会社や営業の人は、**事前準備が圧倒的に不足**しています。これが、「商品と課題が合っていない」要因の1つ目です。

飛び込み営業をして100件お店をまわる時

2　商品と課題が合っていない

- 事前準備不足、リサーチ不足
- 見込み客の課題発掘よりも売り込み重視のセールス設計になっている
- 見込み客の課題が自分ごとになっていない
- 自社商品が顧客のどんな課題解決につながるか理解できていない

代は、すでに終わっています。もし100件分のリストがあるとしても、その中で自社の商品やサービスが、この会社のこんな課題に合いそうだというリサーチを事前にする必要があるのです。

自社の商品やサービスが、見込み客にとってどんなメリットがあるのかを考え設計してから、商談に臨みましょう。「私はこれができます」だけをアピールされても、こちらとしては「別に興味ないから」で終わっちゃうんですね。これが、扱っている商品やサービスと実際の課題が、合っていないということです。

例えば、ある個人事業主のX（旧ツイッター）のフォロワーが200人しかいないとします。継続してツイートしていくことは難しく、つい放置がちだけど、本人はお客とつながる重要なツールの一つだと捉えているとしましょう。

その場合、「当社で扱っているX運用代行の仕事が、もしかしたらこのクライアントに合うかもしれないぞ」といった形で、相手が抱えている悩みや課題、叶えたいと思っている理想を想像して、それに合った仮説を立てることが重要です。

仮説さえ立てればセールスのデザインはある程度構築できます。一方で、仮説なしに「私たちはこれができます」と言っても売れる確率は低い。見込み客の発掘よりも、売り込み重視のセールス設計になっているからです。

僕は、売り込みという行為そのものを100％は否定しません。けれど、売り込まなければ売れない理由は前述の通り、**支払う金額と価値が釣り合ってないから**。本来は相手から「お願いします」と言われる状態を作らなければいけない。なぜそれができないのかというと、「見込み客のことをよく知らない」からなんですね。だから、どんな課題を感じているか想像もつかないから、売り込みをするほか、選択肢がないわけです。これが「商品と課題が合っていない」原因の2つ目です。


今の時代、相手の情報は、上場企業ではなくとも、基本は「360度クリアボックス化」されています。

例えば、従業員満足度を測る一つの指標として、OBOGの方々がその会社を評価する「エンゲージ 会社の評判」(https://en-hyouban.com/)のようなサービスや、顧客側が営業する会社を評価する「グーグル口コミ」のようなサービスもあります。

それを見れば「従業員満足度が思ったより低いな」とか「こういうことが理由で人は辞めているんだな」ということが理解できます。もちろん一部の意見でしかないので、鵜呑みにすることはできません。でも、そういった口コミが書かれている時点で、多くの人がそのように思っている可能性もあるわけです。そういった情報を収集しつつ、「この会社にはこんな研修やコンサルティングが有効だろうな」ということを、ある程度イメージして臨むべきなのです。

100社あったらやみくもに100社飛び込みをするのではなく、**自社商品やサービスがハマりそうな企業をリサーチして、確度の高そうな企業からアプローチ**していきましょう。

お客の課題を自分ごととして考えられない人が多すぎる

商品と課題が合っていない原因の3つ目として、**「見込み客の課題が自分ごとになっていない」**のもよくある失敗例です。「売りたい」という欲求が強いため、目の前の相手が何に困っているのか、何に課題を感じているのかに興味が及んでいないのです。

2つ目の「売り込み重視のセールス設計」と3つ目「見込み客の課題が自分ごとになって

いない」は、見込み客の課題に気づいていない、あるいは課題を認識していないという点で共通しています。商品やサービスを「売る」ことがゴールになっていると、見込み客の課題が自分ごとにはならないのです。ゴールは「売る」ことではなく、課題を解決することですから、まずは課題を理解する必要があります。

それが、「商品と課題が合っていない」の4番目の理由となる「自社商品やサービスが、顧客のどんな課題解決となるのかを理解できていない」ということです。そもそも、課題を理解するためのヒアリングや事前の情報収集をしていなければ、商品を売るためには「自分の視点だけで説明するほかなくなる」からです。これが、「自社商品の押しつけ」というわけです。気づいていないだけで、こういう営業をしている人、意外と多いです。

入念な準備を重ねて、何を聞かれても答えられて、商品・サービスの価値を相手視点でちゃんと伝えられるようにセールスが設計されているなら、たとえ今回お客さまが何も買わなかったとしても、この営業担当者に良い印象しか持たないでしょうし、次回、何かあれば真っ先に相談したくなるでしょう。

売れない理由③ ニーズ確認のための質問が少ない

営業はしゃべらなくていい　お客にしゃべってもらう!

あなたのセールスが売れない理由の3つ目は、「ニーズの確認のための質問が少ない」ということです。ここでは以下の3点にまとめることができます。

僕は、ヒアリングセールスあるいは「顧客に憑依をするポゼッションセールス」という名前をつけて、クライアントに研修をしています。

「今相手が何を望んでいるのか」「何に課題を感じているのか」を確認するには、当然質問が必要です。シンプルに言えば「今、御社の課題は何ですか？」ということです。

自社商品やサービスで解決できる問題かどうかを、質問を投げかけながら、現状の課題、見込み客が認識している課題を聞いていきます。これがヒアリングセールスの基本中の基本。ところが、そういったニーズ確認の質問の数が少ない、あるいはその質が低い人が多いです。

その理由の一つ目は、営業の数字（ノルマ）に追われてニーズ確認が甘くなるからです。営業成績が低ければ低いほど、「たくさんの人と話をして、売らなきゃ！」という気持ちが先行するため、ニーズ確認がおろそかになるんですね。こ

3 「ニーズの確認のための質問が少ない」3つの要因

- 売らなければいけないというセールスマインド
- 商品提案中心のロールプレイングをしている
- 質問リストがない

れだと**「頑張っているのに売れない」という悪循環にハマって、**モチベーションも落ちてしまいます。

その場合、**「パターンの中断」**といって、やり方をイチから変える覚悟を決めるほかありません。ぜひ本書を読んで、パターンの再構築をしてください。

よく**「顧客が8割しゃべって販売員は2割」**と表現されることがありますが本来、営業というのはそのぐらい喋らなくてよいもの。相手に考えさせて、相手に話をしてもらうものなのです。

ロールプレイングの〝落とし穴〟とは

2点目はロールプレイング（ロープレ）に問題がある場合です。セールスのロープレをしていく上で、商品提案が中心になっているのです。「営業ロープレ」とか「接客ロープレ」はよくありますが、質問がテンプレート化されていることが多いです。

「今、お客さまはこういうことで悩まれていませんか」と言うところから始まると、相手はロープレなので、「そうなんですよ、こういうことで困ってるんですよ」と合わせてしまう。なので「当社の扱っている商品は……」と、すぐ商品説明の話に入れてしまうんですね。これが、悪影響を与えている場合が多い。

ロープレというのは、本来顧客のニーズを確認し、引き出すことに重きを置いています。ロープレに臨む本人が「どういう質問をすればいいのかな」とか「今どういうことを投げかければいいのかな」ということを考えてロープレをすることで、だんだんと実践に生きていくもの。これが本来の正しいロープレです。ところが、ニーズ確認もテンプレ化されてしまうと、ニーズそのものもテンプレ化してしまい、顧客一人ひとりのニーズに合ったものではなくなるのです。

実際のセールスの現場は、そんな単純なケースはほぼないですよね？　そういったロープレをしても意味がないということを、まずは覚えてください。

陥りがちな、ダメな質問には2種類あります。

1つ目は、「どう思いますか？」などあまりにオープンな質問。相手が具体的に答えようのない質問だったり、話があちこちにいって課題が深まっていかない質問だったりを延々としても無意味です。お客のニーズを確認したら、潜在ニーズを掘り起こすための質問へと深掘りしていくことで、売れるようになるのですが、この適切な質問ができない人が多いですね。２つ目はバリエーションに乏しい場合です。いずれにせよ、この2つのパターンに陥る理由は、「質問のリストがそもそも作られていない」からです。これが「ニーズ確認のための質問が少ない」理由の3点目です。質問リストがないと、たとえロープレしたところで、「新たにこういう質問を加えたら良さそうだ」とか「次行く営業ではこういう質問をしてみよう」という気づきが生まれません。

売れない営業担当者は、出たとこ勝負で「１００人に営業すればいい」という風に、数をこなせばよいと思っている節があります。それで売れなければ商品のせいにしてしまいますから、大きな問題です。

実のあるロールプレイングをするために、僕は「シチュエーションを切り替えてやっていきましょう」と言っています。例えば30代で旦那さんがこういう仕事をしていて、奥さんがこういう仕事をしていて、お子さんは何歳で、といった顧客のターゲット像、そしてそれぞれが抱えているであろう課題がありそうですよね。このシチュエーションをいろいろと想像して、いろんなパターンでロールプレイングをやっていくことがおすすめです。

売れない理由④「商品理解が浅い」とはどういう状態か？

お客の信頼を失う！　使ってはいけない2つの言葉

売れない理由４つ目が「商品理解が浅い」。

「あらゆるスキルの中で最も重要なのは何か？」という質問を受けることがあります。これについて僕は、セールス力、ヒアリング力、提案力ではなく、「まずは自社で取り扱っている商品やサービスを徹底的に理解すること」と答えています。

すべては商品理解次第といってよいほど重要なのですが、売れない人に限って商品知識が総じて低いです。自社の商品をよくわかってないのにどうして売れると思っているのか、僕はいつも不思議でたまりません。

かく言う自分も、第1章で述べた通り、ABCマートに入りたての頃は全く自社商品に興味がありませんでした。知っている靴といえばアディダスのスタンスミスとコンバースのオールスターぐらい。

当然商品なんて売れません。お客さまに「この靴の履き心地どう?」と尋ねられても、「いいですよ」とキレのよい返答ができない。なぜなら、自分で試したことがないから。「いいみたいです」とか「いいと思いますよ」と曖昧な言い方になってしまいます。

4 「商品理解が浅い」とはどういう状態か

- 商品を使用したことがない
- 顧客の声を集めていない
- カタログ情報(機能性)しか取り入れていない
- 競合商品・サービス理解度が低い
- 商品を好きになる努力をしていない

「みたい」「思う」

これは、**セールスにおいてお客さまの信用を失うといわれている言葉**です。

絶対使っちゃいけないこの言葉、売れない人に限って使います。なぜなら自分もその商品を使ったことがないからです。

自分で使える商品なら使いましょう。自分で使えないのであれば、使ったことがある人に話を聞きましょう。解決策はこれだけです。ＡＢＣマート時代、レディースのパンプスを履くことはできませんから、一緒に働いている女性スタッフに試着をしてもらって感想を聞いていました。もし、自分たちのスタッフでもカバーしきれない領域があるのであれば、お客さまに聞くのが一番です。

その一例が保険。

契約者が補償を受けられた時に、担当者に同行して話を聞きます。その上で「自分たちの扱っている商品やサービスは素晴らしいものなんだな」と、心底思えれば、あなたはその商品を売ることができます。

逆に「何の意味があるんだろう」とか「本当にお客さまを幸せにするのかな」と、自分が思っているようでは絶対売れません。自分が客だった時、そんな人から買いたいとは思わないですよね。

自分のお店や会社が取り扱う商品、サービスが「本当に素晴らしい」と思えるかどうかは、商品の知識や理解に尽きます。カタログ程度の情報しか頭に入っていないのであれば、表面的なことしか話せないので、それでは難しいです。

商品知識は、「多面的に」身につけていく必要があります。さまざまな人のさまざまな状況やニーズに応じて、自社商品やサービスのどんな点が「刺さる」のかを立体的に考え、その特徴を的確に伝えられるようにしないと売れません。

競合商品を理解しないと、戦略が立てられない

「商品理解が浅い」という課題には、競合商品・サービスの理解度が低いということも含まれます。

お客さまは、**初めて商品やサービスを購入する時に、損失を最小限に抑えたい**ので、商品を比較するんです。Aという商品とBという商品を比べて「こっちが安い」「サポート期

間が長い」「ここなら大丈夫」という感じで、購入・契約に至るんですね。

したがって、他社と比較をして「自分たちの扱っている商品やサービスも素晴らしい」ということを伝えなければなりません。

そのためには、競合を知らないといけない。価格帯、商品やサービスの機能性、その商品やサービスを購入・契約した人がどんな声を発信しているのかを、リサーチする必要があります。

それをしていると、比較された時に「ああ、この分野だったら勝てる」「この分野なら私たちも商品価値が高い」ことを、胸を張って言えるわけです。


僕の会社を例にすると、当社は大手研修会社と比較されることがすごく多いです。

もともと大手企業の研修を取り入れていたけれど、結果が出ないから、僕の会社に問い合わせをしたというお客さまも多いです。だから受注につなげるため、大手との違いをあえて「狙って」打ち出しています。

僕の会社の研修と大手企業の研修を比較すると、それぞれに良し悪しがあります。僕の会社の強みは、僕自身がコンテンツを作って、自ら喋り研修を行っている点です。一方大手は、研修を作る人、営業で契約を取ってきてヒアリングをする人、研修で話す人がそれぞれ別々です。

大手企業では、実際に研修で登壇する人が、クライアントのことを理解しきれていないので、表層的なコミュニケーションに終始しがち。取り扱っている研修も自分で作っているわけではないので、〝なぞる〟しかない。そうすると、研修が仮に良いものであっても、臨場感や説得力が出ないんですね。

「コロナで人が足りない」といったクライアントの生の声をヒアリングできていれば、たとえ研修だったとしても、相手の状況に沿って、カスタマイズしたソリューションを提案することも可能なはずなのです。それが分業型の大手だとできませんし、そもそも大手はパッケージ商売なので、そういうきめ細かな対応ができないんですね。

僕の場合、自分で研修内容を作って自分で営業をして、ヒアリングする。ちゃんとクライアントを理解して、クライアントに合わせた内容の研修を、自分で喋っていますから、それは「うちの課題にピッタリ寄り添った研修内容だ！」となりますよね。

もう一つは「日本一の販売員だった」という経歴です。それだけ社会的な実績を積んできている人が喋っているわけです。大手企業のトレーナーには、こうした人はまずいません。

逆に僕の会社が劣っている点ももちろんあります。例えば、情報量です。大手企業であれば一万社の事例があっても、うちの会社の場合はせいぜい300社しかないので、ここで勝負しても勝てるわけがないんです。

勝てるところで勝負をしようと思うと、まずは相手よりも勝っている点を理解しなきゃいけません。ということは競合理解が不可欠だ、というわけです。

商品を好きになる努力をすることも重要です。

自社の商品やサービスを好きになれば、それをよりよく知ろうと没頭するようになるので、おのずと商品知識が高まっていくからです。没頭すればするほど、あらゆる角度からでも自社の商品の良さ・強みをアピールすることができるようになります。自社商品が好きで没頭していないと、お客さまは簡単にそのことを見透かしてしまいます。それではお客さまに魅力は伝わらないし、せっかく売れるものも売れなくなってしまうんですね。

売れない理由⑤
契約後のフォローアップの質が低い

お客は「買った後」を重視する

あなたが売れない理由、最後となる5つ目は「契約後のフォローアップの質が低い」です。商品ユーザーやサービスクライアントは、「契約後」のことをすごく重視します。担当者が伴走してくれ、わからないことをすぐに聞けることがとても大事。しかし、このフォロー体制が構築できていない会社が多いのです。売りっぱなしでサポートセンターにも全然つながらないことが往々にしてあります。こういう会社は、悪い口コミを書かれやすいので気をつけてください。

フォローアップ体制が求められるのは、一般消費財や住宅もそうですし、研修やコンサルティングなどのＢｔｏＢ（企業間取引）サービスも同様です。サポートメニューとして別料金を取っていただいても全然構いません。何よりも、契約後のフォローアップがないのは致命的なのです。


僕の会社では研修終了後、研修で説明した取り組みが現場で実践されたかどうかを確認する会議やミーティングを毎月１回設けています。今までは、そうしたことをせずとも結果が出る企業は出ていました。しかし、それをすることによって、クライアントも安心するのです。

月に１回のミーティングまでの間に、先方が

5 契約後のフォローアップの質が低い原因

- 売ることが目的なのでフォローがない
- 「これくらいしてくれるでしょ」という顧客の期待を裏切る
- 売りっぱなしで定期的な連絡がない

付箋に質問を書き留めてくれています。それを前日までに僕に送ってくれて、当日ミーティングの時に僕からフィードバックするということをしているのですが、これがクライアントからの満足度が非常に高いです。

こうしたフォロー体制をきちんと作り込んでいく必要があります。

お客さまも「これぐらいしてくれるでしょ」という期待感を持って商品やサービスを購入しています。**たとえ「そこまでフォローする」と言っていなかったとしても、契約をした人は「淡い期待」をしてしまうもの**なのです。

そういう「淡い期待」が裏切られるとお客さまは失望します。だから、あらかじめどこまでフォローできるかを明確にすることも重要です。売ったはいいものの、その後定期的な連絡がないと「売れればいいと思っているんだな」と思われて、口コミなどに悪影響を及ぼしますので気をつけてください。

以上5点を踏まえると、お客さまはきちんとリピートしてくださり、良い口コミで溢れるようになり、そこから新規客も紹介客も生まれてきやすくなります。きっちりと作り込んでいきましょう。

第3章

「売り込まないセールス」とは何か

売り込まなくても相手から「売ってほしい」と言われる

売ってほしいと言われるための9つの手順

第3章は、「『売り込まないセールス』とは何か」です。1章、2章はマインドの醸成や考え方、反面教師にすべき点を解説してきましたが、この第3章では、その土台の上に、**売り込みをしないセールスのノウハウ**を築き上げていきます。怒涛のノウハウラッシュになるので、ぜひ何度も読み込んで、実践して体得していってください。

本章の核心は、**「売り込みをせずとも相手から『売ってほしい』と言ってもらえる状態を作**

る」ことにあります。そのノウハウを本章では順を追って説明します。

ただし、第3章から読んでも何も身につきません。1~2章で売り込まないセールスマインドを身につけた人だけが、第3章を読んで成果を上げることができます。

まず、どうすれば相手から「売ってほしい」と言われるようになるのでしょうか。そのための手順が図表で示されている9項目です。

上の2つ**「見込み客に対して『どう力になれるか』を考える」**と**「自社・自身の資源を差し出す」**は、関連性が極めて高いので、セットで説明します。

第2章で、「当社はこれができます」というセ

1 売り込まなくても相手から「売ってほしい」と言われるための9手順

①見込み客に対して「どう力になれるか」を考える
②自社・自身の資源を差し出す
③顧客分析は憑依するレベルで行う
④商談は一発勝負で設計する
⑤商談中はセールスよりもヒアリング重視
⑥解決策を欲する状態を作る
⑦複数の課題解決策を提示「どれがいいの?」と言わせる
⑧商品提案は最後の最後までしない
⑨クロージングはしない

ールスは「契約してもらいたい」「買ってもらいたい」という個人の願望が前面に出た**売り手起点のセールスで、顧客をおいてけぼりにしている**と説明しました。

このマインドを「顧客起点のセールス」に変えて、まずは相手の課題を理解します。その時、相手の課題を解決するために、「当社や私はどんな手助けができるのか」「どうすれば悩みを解決できるのか」という視点を持ち、解決策を考えます。

結果、例えば、**「当社で扱っているこの商品と、サービスとを組み合わせるのが良いかもしれない」とか、「当社では扱いはないけれど、この商品も使っていただけるとより効果を発揮できるかもしれない」「うちだけではなく外部企業の人にも協力してもらおうかな」**という風に、今すぐ提供できるサービスだけでなく、課題解決を最優先に置いて、「自社商品だけを売ればいい」という狭い枠を取り払って考えていくことが大事になります。

コンサルティング業界でいうと、トータルサポートでクライアントワークを解決していくということが主流です。しかし自社だけではできないことも多いので、何社かで連携してクライアントの課題解決に当たったり、提案したりすることが増えています。今はデジタルが絡んでいるので、他の業界でも大体同じような状況だと思います。

したがって、自社だけでできないことについては、他社のリソースをお借りする。そのためにも自社と関連する商品やサービスを研究し、めぼしい企業との協力体制を早めに構築することが重要です。

自社だけでなくチームワークでクライアントのニーズに対応

僕の場合、年間を通して研修の依頼をいただきます。でも、例えば新入社員研修の必須項目である「マナー研修」はやりません。というか、できません。ここまで本書にお付き合いしてくださった読者の皆さんは薄々感づいている頃だと思いますが、僕、マナー良くなさそうじゃないですか(笑)。

だから、マナー研修についてはＯＪＴのマナー研修ができるプロの先生に依頼しています。

このように自分一人だけで何でも解決せず、必要なチームを組んでいくことはすごく大事なこと。

現場の販売員同士でも、このジャンルについてはこの人が強いが、自分もこのジャンルなら負けない、という強みを普段から明確にしておく必要があります。そうすれば、お客さまの幅広く深いお悩みを解決できるからです。もちろん自店だけで解決できないものは、店長や上司、あるいはオーナーに「こういう業種の方とタッグを組みたい」と提案をすればいい。そうすれば自社や自店のビジネスにも広がりが出ますし、何よりお客さまに喜んでいただくことができます。

「売らなきゃ」とか「契約取らなきゃ」ということだけを考えず、自社の持っているリソースや情報について、惜しまずお客さまに提供することがまずは重要です。

僕の会社にもクライアントの成功事例についてさまざまな資料があるのですが、「こんな事例ありますか？」と聞かれれば、都度クライアントに許可を取り、ＯＫであれば契約前でも全部差し上げています。もちろん、これから商談をする見込み客で、それなりの関係性が構築できそうな企業限定です。

経営者仲間やクライアントに対してこの話をすると「なぜそこまでするの？」と聞かれることがあります。

「クライアントの成功事例はすごく重要なもので、有料でも販売できるレベル。無料であげるなんてもったいない」というのがその言い分です。

ですが僕は、これから関わりになるであろう企業やお客さまに対しては、できるだけ分け隔てなく接したい。そしてご依頼いただく以上は力になりたい、期待を上回る結果を出したいという思いが強いのです。

成功事例をもらった側も、誰の手も借りずに売上を伸ばすことは難しい。むしろ「この会社は自社の課題を解決してくれる」と信頼してくれるツールとして機能するので、情報提供は惜しまずやっています。

この考え方が、次のお客さまを作ると同時に、口コミで評判が広がり、その次のお客さまにつながるという好循環を生んでいるのです。だから、僕のやり方を実践しているクライアントもお客さまが増え続け、売上が伸びています。

「お客さまのために何ができるか」を最優先で考えること。これが一番大事なのです。

当然この情報提供の段階ではお金は頂きません。情報収集して整理する時間はかかりますが、一度整理すれば次からは色々なところで使えますから、「きっかけを与えてもらっている」と思うようにしています。

この時点では、「売りたい」「契約してもらいたい」という風に、**自分中心ではなく顧客中心に物事を考える**こと。どう力になれるのかを考えることが最優先です。

契約に至るまでのフローでも、顧客が気になっている点について情報を求められた場合は、「過去のクライアントでこういうことがありました。よろしければPDFの資料としてダウンロードできますがご覧になりますか？」といった形で差し出しています。

当然ながら、成約に至らない企業もありますが、全体としては少数派です。むしろ「成田さんはこんなことまでしてくれるんだ！」と思われることが多いので、このうち9割は成約しています。

あとは、自分の会社だけで何でもかんでも解決をせず、難しかったら他の会社やパートナー企業を自分で発掘することも大切です。そこで関係性を築くと、お客さまから大きな信頼を得られるだけでなく、パートナー企業同士で相互にロイヤルティの高いお客を紹介しあえるのでビジネスも拡大していきます。この過程で素晴らしいパートナーと出会えることも多いので、「いいきっかけをもらったな」といつも思っています。

この2つはすごく重要なこと。「貢献」という軸を絶対に崩さないことが大前提です。そして、決して「小さなこと」で稼ごうとしないでください。

紹介料をもらわなくても、いい仕事をしていけば、次の仕事は入ってきます。なので、自分の会社で持っているリソースや情報はどんどん差し出していってください。

それができないシチュエーションもありますが、できる範囲でやっていくことをおすすめします。

憑依するレベルで顧客分析する

続いては「顧客分析は憑依するレベルで行う」。第2章の「売れない理由③」でも説明しましたが、僕はこれを「ポゼッションセールス」と呼び、研修のトレーニングメニューに入れています。手前味噌にはなりますが、「相手を理解する」ことについては相当深い次元にあると思っています。

例えば自動車のディーラーをイメージしてください。ディーラーの販売員から聞かれることは、だいたい一緒です。

例えば「今走行距離何キロですか」「買って何年ぐらいですか」とか「良かったら車検証見せてください」とか。

わかりやすいやり取りでは、

「何年の車ですね」

「普段車の利用は私用が多いですか？　それともお仕事が多いですか？」

「うーん、仕事が多いですかね」

「あ、そうですか」

このほか、

「ご家族は乗られますか？」

「あ、そうですね、家族も乗ります」

「そうですか。で、今回買い換えられる目的は？」

「まあ子供が一人増えたので、ちょっと新しい車にしようかなと思ってるんですけど」

といった感じです。なんとなくイメージつきますよね。


僕が担当させていただいているディーラーさんは、同じブランドの中で、常に全国トップクラスの営業成績を上げています。成約率もとても高いです。客単価もここでは書けませんが、オプションの付帯率はいわゆる業界平均の2倍です。

どうしてそうなるのかというと、商品やサービスを提案するまでの、見込み客理解の深さが、他のディーラーさんよりも、ものすごく深いからです。

例えばもし車を買う商談を進めている中で、お客さまの住所を書いてもらいますよね。その時、**「お客さま、おおよその場所でも構わないんですけど、どちらでお仕事されていますか？」**と聞いてみるんです。それをグーグルマップで検索して、例えば信号がどれくらいの数あるのかとか、どの時間帯に渋滞するのかとか、距離は何キロあるのかといったことを細かく見ます。

あとは**「土日のレジャーでは、どこに行くことが多いのかな」**と言われたとすると、**「山道を走るとなると、カーブもたくさんあるだろうし、坂道も多い。そうなれば、やっぱり燃費も気になってくるんじゃないか」**と思いを巡らせることができ、提案に役立てることができます。

そうやって、どのシーンで車を活用しているのかという**「解像度」をどんどん上げていく**ことがポイントです。

お客さまの理解は、表層的なものではなく、とにかく深めていくのがポイント。僕がお客さまと同じ解像度の映像を見ているような状態です。

とにかく細かく質問を重ねて、お客さまの車の使い方を聞いていく。もしお客さまがAという車にしようとしていたとしても、これまでの車の使い方を聞いている範囲ではAの中のこのクラス、Bの車のこのクラスという風にいくつか商品が浮かんでくるんですね。

ただし、ここでお客さまにそのまま「これがいいですよ」といきなり言っても「えっ、なんで？」となってただ驚かれたり、反発されたりする。

そこで、まずは「お客さま、実はこんなことで過去にトラブルになったことないですか」などと聞いてみることから始めます。

例えば「渋滞にはまって、ちょっと嫌な思いしたことないですか？」とか、「思ったよりガソリンが減るの早いなって思うことって今までなかったですか？」とか聞いてみる。

「あるある、渋滞とか地獄。燃費も悪くなるし」といった反応が返ってくるかもしれません。

そうしたら、「燃費が気になるんでしたら、この車種や同じ車種でもこのグレードにされると、だいぶ改善されますよ、よろしければいくつか提案させてください」と持っていくことができます。

そこにたどり着くためには、「過去こういうことでトラブルになったことないですか？」「こんなことで困ったことないですか？」と、いろいろな角度から聞いてみることが大切です。

商談は一発勝負を狙い、入念に準備する

次が『商談は一発勝負で設計する』です。

売れない営業パーソンに多いのが「挨拶がてら」の営業です。僕は「目的のない訪問は絶対するな」「事前準備せずに絶対行くな」といつも言っています。自分たちが伝えたいことや、買ってもらいたい商品・サービスがあるのであれば入念に準備を重ねて、一発で決める状態まで作り込んでから行ってください。

仮に100社に足を運ぶことが決まっていたとしたら、1社1社への対応は雑になってしまうことが多いのではないでしょうか。これは時間のムダです。先述のとおり、口コミリスクもあるわけですから、これからは1社1社吟味して、事前準備を万端にして臨むべきです。そして商談は一発勝負で決められるように設計してほしいと思います。

ただし例外もあります。例えば、僕が担当している大手電気メーカーさんや、官公庁、海外の宇宙開発をしている会社の場合は、1回の営業では決まらないこともあります。

それは先方の組織の問題なのでしょうがないのですが、それでも「最短にしていく」工夫は必要です。どうしたらできるのかというと、毎回全力で準備を重ねて、全力で臨んでいくことです。

「これくらいできればいいや」と自分の中で楽をしようと思っている時点で、そのセールスは絶対にうまくいきません。「これで無理だったらしょうがない」ぐらいの作り込みをして臨むことが重要です。

実際の商談はどのように進めていくのかというと、あらかじめ用意している質問を投げかけて、現状確認していきます。いわばヒアリング重視で、自分からあまりしゃべる必要はありません。

質問をすれば、お客さまの今の課題状況がより明確にわかってきます。

こちらが立てた仮説のここが合っていたなとか、ここが間違っていたとか、そういった気づきにもなります。確認を重ねれば、「今組織でこんなことも課題の一つになってないでしょうか？」と深掘りしたコミュニケーションにつなげることもできます。

クライアントから「なぜ成田さんは僕らがまだ話してないことがそこまでわかるんですか？」と言われることがあります。**それこそが、ポゼッションマーケティングの極意。**ポゼッションとは「憑依する」ことと同義と位置づけ、理解することにすごく時間をかけているのです。

だから商談に入ってからもウルトラCの逆転技みたいなことは望んでいません。頭の中にあるイメージ通りにただ商談が進んでいるだけです。

ただ、商談をしている見込み客からしたら「なんでそこまでうちの会社のことを理解しているんだ！」とか「何でそこまで私のことがわかるんだ！」とやっぱり思うはずです。

それは事前の情報収集から始まっていますし、これまでのクライアントワークの経験もあります。ともかくそういったところから質問を投げかけていくのです。

潜在ニーズが顕在化したとき、人は欲しくてたまらなくなる

事前に立てた仮説が外れることもあります。それでも、事前設計をしてから商談に臨むことはすごく大事です。なので、商談中は売り込みや商品説明に時間を割くよりも、どんなことに今困っているのかとか、どんなことに悩んでいるのかとか、どんなことに課題を

感じているのかを聞いていきます。

いうまでもありませんが、自分たちの会社が扱っている商品やサービスで解決できるであろう課題をヒアリングしてくださいね。

もし、「御社の課題はなんですか？」「うちはＤＸ（デジタル・トランスフォーメーションのこと）に対応できてなくてね」みたいな話になったとします。

自社にＤＸ関連のソリューションが１個もなくて、メインの課題を解決できなかったとしたら、そもそも自社は選んでもらえません。

自分の会社で扱っている商品やサービスを提供した際の価値と、見込み客の課題が一致するようにヒアリングをして課題を抽出、その上でセールスを組んでいく必要があります。

そのように進めていくと、お客さまからしても「言われてみれば確かにそうだな」と思えるような潜在的なニーズが引き出されます。そうなると、**解決策が欲しくてしょうがなくなる**んです。

見込み客からすると、課題を解決したい気持ちはあるんです。何とかしなきゃなという気持ちがあるんですが、商談中に潜在ニーズが顕在化されると、「なんとかしなきゃ」という優先順位が一気に上がってしまうものなんです。

もし**潜在ニーズを引き出すことができれば「そこを見落としていたな」「すぐに何とかしないとダメだよね」と話がトントン拍子で進んでいく**ものなのです。どんどんお客さまの口から課題が溢れ出てきて、「なんとかしなきゃ、でもどうしたらいいんだ?」という状態になるわけです。

そこで初めて、プレゼンテーションをするのです。

複数パターンを提案すべき理由

その時に大事なのは、1つではなく、複数のパターンを提案することです。

僕は基本的に「Aパターン、Bパターン、Cパターンがあります」と複数の課題解決案を提示していきます。

そうするとやっぱり「どれがいいの?」と聞かれるんですよ。そう聞かれるということは、その時点で契約することがほぼ確定しているんですね。

1個の解決策だと、「予算が合う・合わない」とか、「時期的に難しい」とか、「今すぐできなそう」といった理由が頭をもたげることで、意思決定が揺らぐ可能性があります。

「すぐに導入できる低コストな商品から、ちょっと時間はかかるけど長期的にはすごく有効な商品まであります」と伝えた上で、3つくらいの選択肢を提示して「お客さまはどれがいいですか？」と聞いてみるんです。

そうしたらお客さまが自ら選べば「これにします」となりますし、見込み客から「どれがいいの？」と聞かれた場合は、お客さまのニーズに基づいた上で、「短期的な課題の解決を優先されるのであればB案がよいです」と提案する場合もあります。

このように**商品提案は、最後の最後まで我慢をしてニーズを増大させていく**ことに徹しましょう。それによって**クロージングがいらなくなる**んですね。


僕自身、商品の提案は最後の最後までしません。もしお客さまからどの商品がいいかを聞かれることがあれば、「うちの会社ではこういう商品・サービスを扱っているので、お客さまにはこの3つのどれかがいいんじゃないでしょうか」と答えます。

逆に言えば、先方から聞かれるまで、自分から商品提案はしてはいけないんです。

「どれがいい？」と聞かれた時点で初めて、選択肢を提示するぐらいがちょうどよい。そうすれば「じゃあ私はこれにしようかな。予算的にこれならすぐ通せそうだから……」という形で話が展開していきます。

以上が、「売ってほしい」と言われる状態を作るための全体のプロセスやつながりです。

見込み客の分析が欠かせない

見込み客の視点で、競合企業を分析

次に、具体的に「どうやって見込み客分析をすればよいのか」を解説します。

ここでいう見込み客分析とは、見込み客が、①僕の会社、②B社、③C社の3社を比較して選ぶ可能性があるとき、見込み客の視点で「見込み客が選ぼうとしている候補企業」を分析していくという意味です。単なる競合分析とは違うということを理解してください。

具体的にはリサーチするか、自分で情報を取りにいくかの2択です。今はSNSもあるので、企業の経営者や事業部長、人事部門などの情報を追ってみるとよいでしょう。

業界全体のニュースを収集していくことも大事です。グーグルニュースやＹａｈｏｏ！ニュースなどで、業界のキーワードを入れるだけでさまざまな情報が得られます。

僕の会社であれば、自社としての強みやライバルと競争になりやすい切り口として「従業員満足度を高めて離職率を下げる」とか、「採用コストを下げる」とか、「売上と利益を上げていく」といったものがあります。このキーワードを入れながら、「業界は今こうなっているんだな」と情報を仕入れ、整理していくことが大事です。

見込み客をリサーチ・分析していくわけですが、得られる情報量が多ければ多いほど、一番

2 見込み客の分析、7つのポイント

① 分析の目的は商品価値が伝わる状態を作ること
② あなたの取り扱う商品価値は？
③ 競合はどこ？　よく比較される商品・サービス
④ 既存の選択肢に不満＆ストレスを作る
⑤ 既存客から選んでもらった理由を聞く
⑥ 既存客に他社・過去の競合選択との違いを聞く
⑦ 自社商品・サービスが勝てる価値を発見する

上の「商品価値が伝わる状態」へとつながっていきます。

それを「セールスデザイン」と呼んでいます。

全体のセールスのデザインを設計していく上で欠かせないのが、顧客の課題とその課題を解決するためのアイデアを見込み客は持っているのかという点です。

自社を選んでもらうために、全体の設計を行っていく必要があるわけです。

だから、商品やサービスを売っていく上では「あなたにしか提供できない価値は何なのか」を常に掘り下げる必要があります。

まとめると、分析の目的は、①セールスデザインで欠かせない「商品価値が伝わる状態を作ること」、そして②あなたにしか提供できない価値が何かを明らかにすること、です。

商品やサービスを購入していただき、契約をしてもらうためには、他の会社よりも優れているという状態を作ることが不可欠なのです。

なぜこんなことをする必要があるのでしょうか。それは、僕の会社を例にすれば、初回から、僕の会社にいきなり「成田先生、この分野でこの研修してもらえますか？」と名指しで仕事が入ることはほとんどないからです。

必ず「この人にお願いして大丈夫だろうか？」という異論が出ます。先方との信頼関係もなければ、実績もないからです。

この「比較」をくぐり抜けるためには差別化が必要。そのために、よく比較される商品・サービスをきっちりと分析していくことが必要なのです。

競合分析を通じた自社の差別化の例については、僕の会社が身を置く研修業界を参考として、すでに第2章内の「競合商品・サービスへの理解度が浅い」ところで挙げていますのでここでは割愛します。

いずれにせよ、「今、あなたの会社は、どこと比較されることが多いのか」「比較される商品やサービスはどんなものなのか」、そして「どんな強みと弱みがあるのか」、そして「自社の弱みをどう補完するのか、相手の強みにどう対抗できるのか」を明らかにして、自分がどこで勝負するのかを決めていかないといけません。そのためにも、競合分析が欠かせないのです。

顧客分析を通じて、自社の強みを明確化していく

お客さまの選択肢の中には当然、競合先も含まれています。

したがって、自社以外を選んだ時に、どんな不満やストレスが表面化する可能性があるのかについて、先に仮説を立てて、一連のセールスを組んでいきましょう。

当然、「自分の会社が負けている点」もあります。価格もそうでしょうし、そもそもそういう機能が付いていない場合もある。

したがってもしそのことを尋ねられたら素直に「できません」とお伝えします。はっきりいって、すべての面で競合を凌駕することなどありえません。**単にそこで勝負しなければいいだけ**なのです。

どうすればよいかといえば、その流れのなかでも「自社を選ぶとどんなメリットがあるのか」という話に持っていくことが大事です。

では、何をどうしたら自社を選ぶ理由になるのか。それが、「差別化」です。

競合を選ぶデメリットを相手が気づくように誘導する

「差別化」するためにはまず、競合を選ぶことによってどんなデメリットが生まれる可能性があるのかをあらかじめ理解しておく必要があるんですね。

これについて僕は、「数を出す」ようにしています。あらゆる角度から質問を投げかけながら、「A社を選んだら、この課題は解決されないままなのでは？」と見込み客が気づいてしまう方向に誘導していくわけです。

もちろん、僕は具体的に「A社を選ぶとこうなりますよ」とは言いません。見込み客が自発的に気づくように促していくだけです。

例えば見込み客の上司と部下が休憩時間などに「確かに、A社を選ぶと値段は安いかもしれないけど、内容は画一的だからうちには合ってないかもね」といった会話をしていくように持っていくわけです。

直接の他社批判はせずに「既存の選択肢を選ぶことによって、こんなリスクが考えられませんか？」と提示するのです。これが、あとあと自社を選ぶきっかけになります。

ただし、注意点もあります。「顧客分析を通じて、自社の強みを明確化していく」と書きました。この話が相手に〝刺さる〟のなら問題ないのですが、〝手前みそ〟のような話になりがちです。

だからこそ、客観的な事実として、自社の差別化がきっちり見込み客に伝わっているのかどうかを試すために、既存客に**「なぜあの会社じゃなくて、うちの会社を選んでくださったんですか？」**と必ず聞いてください。

もちろん、失注したら「なぜうちの会社じゃなかったのですか？」と聞いてみてください。

僕自身、どんな理由で自社を選んでもらえたのか、あるいは選ばれなかったのかについて、できるだけ細かく聞くようにしています。

そうすることにより、自社の強み、時には自分でも気づいていなかった強みに気づけ、「そういう視点で選ぶんだ」という発見にもつながります。

例えば以前、入社3年目から9年目の新卒採用者を対象に研修をしてほしいと依頼がありました。決まった理由は「僕が38歳と若かった」(当時)からですが、やはり年齢も選ぶ基準になるんだなと思いました。

これを続けていくと、自分で考える強みとお客に評価してもらえるポイントが合ってきます。そうなるとだんだん自分がどの方向でセールスをかけていけば勝てるのかわかるようになり、成約率も90%くらいを確保できるようになります。

セールス全体の構築の中でも、「この分野に話を持ち込めれば、もう絶対決まるよね」という鉄板の流れができていきますので、見込み客分析のパートの部分を繰り返し読んでいただいて、ご自身のお仕事に置き換えてください。

顧客の課題を可視化できる、質問リストの作成法

顧客が感じる価値は、比較対象によって変わる

僕のクライアントに必ずやってもらっているゲームがあります。顧客の課題を可視化できる最適な質問リストを作成する上で大事なことが学べるので、一度そのゲームに取り組んでみてください。

次ページの図表を見てください。

大きく①比較対象、②商品価値、③現状確認、④潜在ニーズという4つのパートに分かれています。

①比較対象とは、「見込み客は何と比較をしているのか、比較をした時に自社の商品やサービスにどんな価値があるのか」、を言語化していくということです。

その上で、先方の比較先が具体的にヒアリングできるのであれば、見込み客に聞いてみる。

検討先がわかれば、私たちの会社で扱っている商品やサービスの機能ではなく、自分の会社の商品やサービスと契約をするとどんな価値があるのか、とにかく明確にしてもらう。

したがって、この②商品価値は、どこの競合先と比較をするのかによって大きく変動していきます。商品の機能性は変わりません。

3 顧客の課題を可視化できる質問リストの作成法

①比較対象	③現状確認
②商品価値	④潜在ニーズ

・1000円
・4色ボールペン＋シャープペン
・書き味なめらか

【比較対象】
・100円
・単色

100円ボールペン	
・無くしにくい ・渡したときに失礼じゃない ・筆箱いらず ・複数色で情報整理しやすい ・メモを取るときにかすれない	・どんなお仕事をしているか？ ・お客さまにペンを渡すことがあるか？ ・仕事中にメモを取ることがあるか？ ・筆箱を持っているか？ ・これまでに書いている最中にかすれることはなかったか？ ・ペンを渡されてどちらが嬉しいか？ ・メモを見返す時に単色でわかりにくい経験はないか？ ・筆箱は意外と場所をとらないか？ ・目当ての色ペンを出すのにストレスを感じたことはないか？ ・大事な局面（商談中）でペンがかすれてイライラした経験はないか？

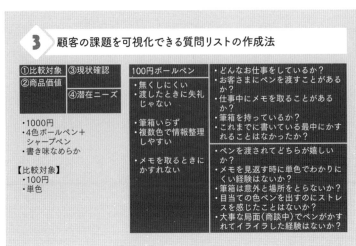

「研修」を例にすると、「パッケージ化された研修」というサービスを指します。僕の場合、内容はカスタマイズしているので変動しますが、基本的に多くの企業では、研修内容は固定です。

このパッケージが生み出す価値は、比較する競合先によって変動していきます。

だから、単に毎回「私たちの会社の研修はこういう価値があります」と伝えてしまうと、他の競合と比べて価値が低ければ「へーそうですか」で終わってしまう。

だから、③現状確認をしていきます。

現状確認は、見込み客がどういう状態でどんなことに課題を感じているのか、何と比較をしているのか、ヒアリングすることから始めます。

その上で「うちの会社の商品やサービスだったら、こういう価値があるから、この価値に気づかせたい」と思ったとしましょう。その場合、続いて価値を顕在化する質問に切り替えていきます。

このように大きく①比較対象、②商品価値、③現状確認、④潜在ニーズの4つのパートに分けて、具体的にロールプレイングの設定をしてみます。

100円のボールペンを探しているお客に1000円のボールペンを売る方法

あなたは販売員で、1本1000円のボールペンを取り扱っている営業パーソンだとします。そのボールペンは、「4色のボールペン＋シャープペン」で書き味が滑らかだとしましょう。

僕は100円のボールペンを探しているお客になります。

「100円のボールペンを買いに来ている人に、単価10倍の1000円のボールペンを売るために、あなたならどうしますか？」というセールスのロールプレイングをしていきます。

目の前に100円のボールペンがいっぱい並んでいる状態を想像してください。あなたならどうしますか？　突然、隣から僕に「どうしたんですか？」「何をお探しですか？」と、声をかけようと思っていませんか？

声のかけ方にも販売員の力量が表れます。売れない人は、そういう時に「当店で扱っているボールペンは非常に書き味が滑らかで、ちょっと書いてみてください」という「押し売り」をしてしまいやすいんです。
あるいは「実は私、今、1000円のボールペンを売っている販売員でして」と言って近づいて行ったりする。そうやって急に来られても、売り込まれる方からすれば「いらねーよ」となってしまいます。

一方、売れる人というのは、まず現状確認から始めます。
例えば**「今日スーツを着られていますけど、普段どんなお仕事されているんですか？」**と。
そこで**「僕ですか？ 営業の仕事をしています」**と答えたとします。
そうなると**「このお客さまは営業の仕事をしているんだな、となるとボールペンはどのように使うのかな？」**といったように、そこから想像をどんどん膨らませていくわけですね。
具体例は**130ページ図表**の右側に載せています。まず比較対象は100円のボールペン。では1000円のボールペンが生み出す価値って何なのか、を考えていきます。
例えば、もし営業担当者であれば、クライアントから契約書にサインしてもらうとき、100円のボールペンだと失礼に当たるときがあります。

僕も経験があります。100円のボールペンを使っていて、30万円ぐらいのパソコンを売ったんですが、その際ショッピングクレジットというローンを組んでもらいました。その時、僕の100円のボールペンを渡したら、「お前ふざけんな！」って怒られたんですね。「これから30万円の決済をするのに、どうしてこんな安いボールペン出してくるんだ。30万円に見合ったボールペン持って来い」と言われたのです。店長から3000円ぐらいのいい感じのボールペンを借りて事なきを得たのですが、「なるほど、すごく失礼なことだったんだな」と気づかされました。

このように、「渡した時に失礼じゃない」という価値が1000円のボールペンにはあります。また高いものなので雑に扱わないので「無くしにくい」という価値もあります。

次に考えることは、「4色ボールペン＋シャープペン」にどんな価値があるのかです。100円のボールペンは単色です。何色も必要だったとすればかさばるし筆箱が必要になる。1000円のボールペンは筆箱いらずです。

さらに、1本で複数の色を使い分けられるから、メモを取る時に情報の整理がしやすいという価値もあります。5つ目は、書き味がなめらかで、メモをする時にかすれないという価値があります。

今まで挙げた「無くしにくい」「渡したときに失礼じゃない」「筆箱いらず」「複数色で情報整理しやすい」「メモを取るときにかすれない」といった点は、いずれもカタログには書いてない価値です。100円の単色のボールペンと比較をした時に、顕在化する価値が、商品価値です。

この価値に気づく上で必要なのが、126ページ図表右上の「現状確認」と、右下の「潜在ニーズ」を顕在化する質問です。

例えば以下のやり取りを想像してみてください。

「どんなお仕事をされていますか?」

「営業の仕事をしています」

「お客さまにペンを渡すことはありますか?」

「ええ」

「では、100円のボールペンと1000円のボールペンではどっちのペンを渡されて嬉しいですか?」

「それは、1000円でしょう」

と、こんな感じの展開になるわけです。つまり、お客さまに「そのシチュエーションなら、選ぶべきは1000円だよね」「こっちの方が高級感あるよね」と思わせることが大事なのです。その方がお客さまは腹落ちするわけですね。

では、**「無くしにくい」という価値を顕在化する**にはどうしたらいいでしょう。

以下のやり取りを想像してください。

「お客さま、普段ボールペンはどれくらいの頻度で購入されますか?」

「無くなったら買う感じかな」

「どれくらいの頻度で無くされますか?」

「そうですね。月に何回か、買いに来ていますね」

ボールペンを買うためだけに何回もお店に来るのは、すごく面倒なことです。あなたも、使いたい時にボールペンが手元になくてイライラしたことってないですか?

そこで、**「今僕たちが扱っているボールペンは1000円しますが、木製なので指なじみもよく、使い勝手もいいです。なにより、愛着がわくので、皆さん大切に使ってくださり、無くしにくいですよ」**とお客さまに言えるわけです。

そう言われると、お客さまからは**「毎回買いにいくのは実際面倒だしな。じゃあ今回は1000円のものを買ってみようかな」**と思ってもらえるかもしれません。このように潜在ニーズが顕在化することで、商品の価値が高まり、買ってみようかな、となるわけです。

自社やこの商品・サービスはどんな価値を提供できるのか、どんな価値をお客さまに訴求すれば購入してもらえるのかを明確にしていきます。

その上で、潜在ニーズを顕在化し、「行動に移ってもらう」ための質問を考え、設計していく必要があります。

実践を通じて、質問と返答のデザインの完成度を高めていく

では、実際に質問リストを作っていきましょう。

「1、2、3、4」と順を追って考える場合もありますが、商談中にニーズを明確にしていく場合もあると思いますし、会話の流れによっては必ずしも順番通りにはいかず、順番を入れ替えるなど臨機応変さも必要になります。それでもベースさえ固めておけば、さほど苦労せずに対応可能です。

質問リストを作る上では、まず「競合の強みは何か」、その上で「あなたにしか提供できない価値は何か」を考えることから始めます。

先述の通り、強みは例えば「無くしにくい」「渡したときに失礼じゃない」「筆箱いらず」「複数色で情報整理しやすい」といったことです。

例えば商談中にメモを取る時、どんな風に取りますか。例えばすごく重要なところは赤ペン、後で会社に戻って確認しなきゃいけないのは緑色、とかですよね？

そうやって色分けをすることで、理解も整理も一目瞭然でやりやすくなります。また単色のボールペンを複数色分用意しても、ボールペンを商談中にガシャガシャするのはスマートじゃないですよね。「それよりは4色がセットになっているボールペン1本の方が、メモを取った時にスマートで、相手に不快感を与えなくても済むと思いますよ」、なんて説明したら「確かにそうだな」と思ってもらえるかもしれません。

もちろん、最初は、このように目的に向かってスムーズに質問を並べられないかもしれません。それでも、こういう質問をしたらこういう回答が返ってきた、この質問をしたら見込み客から「こんなメリット気づかなかった」と感心してもらえた、というように情報が蓄積されていきます。そのようにして仮説と検証を繰り返しながら、質問と返答のデザインを組んでいくわけです。

それによって顧客の願望がどんどん明確になっていきます。商品説明は、最後の最後にするだけという手順になります。

商品説明は簡潔&正確に行うこと

商品説明は、簡潔かつ正確に　一気にすべて説明しないこと!

次は「商品説明は簡潔&正確に行う」です。これは本章でこれまで解説してきたことと比べれば優先順位はだいぶ落ちます。

なぜなら、ここまでの取り組みで、「お客さまが買うこと」が決まっている状態なので、そんなに肩肘張って「売らなきゃ」「説明しなきゃ」となる必要がないからです。

ただ、守っていただきたいルールがあります。

まず、「当社ではこういったことが解決できます」などと全部一気に説明はしない。そうではなく、潜在ニーズが顕在化されて、「そこ見落としていたな」「どうしたらいいんだろう」とお客さまが気づいた時に、「当社の商品であれば、この部分で御社の課題を解決することができますよ」と説明する。つまり、基本的にはお客さまのニーズと、それを解決する商品やサービスの説明が、常に「リンク」している状態で進めることが大事です。

1個目の課題が解決されたらそこで完結して、

4 商品説明は簡潔&正確に行う

- 商品説明は価値と照らし合わせて行う
- 「何か質問ありませんか?」を多用する
- 顧客が考えたら絶対に邪魔をしない
- 言いたいことはお客さまに言わせる設計

2個目が解決されたらそこで完結、というかたちで、基本的には対になってコミュニケーションを重ねることが重要です。すべてのニーズを聞き切ってから、その解決策を説明するのではなく、都度説明してそのたびごとに課題を解決する商品を説明するようにしてください。

具体的な流れでいうと、まずは先方のニーズを明確にし、その課題に対して「当社ではこんな部分でサポートができます」と言って一つの問題を解決した上で、「先ほどこういった課題もあるとおっしゃいましたが、もうちょっと掘り下げていいですか?」というように、会話に戻して、一つずつ解決していくイメージです。

ここでいう商品説明というのは、基本的に顧客の潜在ニーズを顕在化して、価値に気づかせてあげるということ。したがって、ニーズと解決策の商品説明は常に連動していると思ってください。

なお、商品説明の際には、専門用語がどうしても出てしまうので、「ここまで大丈夫ですか?」という確認をしつこいぐらいしてほしいです。

この段階で「馬鹿にしているのか?」と言ってくる人なんていません。なぜなら、1~3までで相当な信頼関係が築けているからです。その状態までいけば、むしろ「すごく気遣ってくれているな」と解釈してもらえます。

もし「こんなこともわからないと思っているんですか?」みたいな感じで聞いてくる人がいたとしたら、それは前段階のコミュニケーションがうまくいっていない証拠です。

顧客が考えているときは、口出ししない!

もう一つ、大事なことを言います。それは、**顧客が考えて、「うーん」と悩んでいる時は、絶対に口出ししない**こと。「悩みますよね」とか「いろいろな会社があって、それぞれ魅力ありますもんね」と言って、あとは一緒に黙ってあげてください。

もしここで考える時間を与えなければ、先方は「1回考えさせてもらっていいですか」とか「もう少し考えさせてもらっていいですか?」と絶対言ってくるでしょう。

商談中に逃げられてしまったとしたら、それは商談中に「考えさせていなかった」からなんです。「売らなきゃ、売らなきゃ」となって前に前に出てしまった結果、お客さまが、自らの考えで納得に至るプロセスを吹き飛ばしてしまったんです。

こうなるとセールスはうまくいきません。基本的には自分は黙って、相手に考えさせてあげる。相手がしゃべったことに対して、こっちがリアクションする。これだけで大丈夫です。

商品説明をする上で、自分の会社の強みは、やはり言いたいですよね？　もちろん、それは言って構いませんが、簡潔に正確に言ってください。その上で、**言いたいことは、〝できる限りお客さまに言わせる〟**ように全体のセールスを組んでいくといいです。

注意してもらいたいのは、相手より自分の方が商品の強みにも内容にも詳しいですから、契約欲しさについ何度も何度も言ってしまう可能性があるという点です。そうすると、押し売りするつもりがなくても、似たような印象を最後の最後にお客さまに与えることになるからです。

極力、お客さまが「なるほどそういうところは気づいていなかった」「でも御社と契約すればこういったところをフォローしてくれるんですよね」というようにお客さまの方からしゃべってくれるかたちになるのが一番望ましいです。

まとめると、①自分たちが言いたいことは基本的にお客さまに言ってもらえるように設計する。②潜在ニーズが顕在化され顧客の課題が明確になったら都度、それに対応する商品説明を行うこと。例えば3つの潜在ニーズが顕在化されたとしたら、それを一気に説明するのではなく、一つずつ丁寧に説明していくということ。そして③相手に考える時間を与え、悩んでいるときは一緒に黙ってあげることです。

商談時に気をつけること、失注した場合の改善方法

商談に雑談はいらない

第3章も本節で最後です。ここでは、商談時に気をつけなければいけないことや、失注した時にどう改善をして次の契約に結びつけるかのコツを説明します。

まず、僕自身は商談の場で「雑談」は絶対にやりません。「今日寒いですね」とか「冬なのにすごくあったかいですね」みたいな話はしないということです。

もちろん、ゆるくコミュニケーションを取ることはあります。でもそれはあくまで見込み客の課題を明確にしたり、自分の会社と契約することで得られる価値に少しだけ触れたりするといった話が中心です。

具体的にはこんな話をします。

「初めまして、ジャパンブルーコンサルティングの成田と申します。本日はお忙しい中、時

5 商談時に気をつけること、失注した場合の改善方法

- 雑談はいらない
- 雑談の中に商品価値が高まる話を入れるのであればOK
- 想定外の質問をされることがないよう準備する
- 「契約してもらえなかった理由」は必ず聞く
- 質問リストの質を高める

間を作ってくださってありがとうございます。これまでも企業の研修講師はたくさん雇われてきたと思いますが、僕のことを見て『なんか、若いやつが来たな』と思われませんでしたか？」みたいな話をすることがあります。

そうすると、「確かに今までの先生と比べるとすごく若いですね」という返事が来ることが多いです。実際、僕は自分の年齢を強みにしてもいます。どういう人たちが対象となるのかにもよりますが、比較的年齢が近い人とお仕事をすることが多いです。「研修を受けられる方の年齢層は、だいたい何歳位が多いんですか？　僕と皆さんは年齢が近いんですね」という風に話をしていくんです。**一見雑談のようではあるけれど、実はその段階から情報収集が始まっている。**そこに気づかせるためのジャブを打っていくイメージです。

僕の場合、自分自身が商品なので、自分の価値を高めるコミュニケーションを重ねます。

「想定外」の質問をされないよう、事前準備をしておく

商談時に気をつけていることの3つ目は、**想定される質問を事前に考え、想定外の質問**

をされることがないよう準備することです。「なんて答えたらいいんだろう」と迷うことはできる限り無くす。それでも、「想定外」の質問をされたときはどうしたらいいでしょうか？

僕はすぐにメモを取ります。メモを取っている間に答えが出るようなら答えますし、時間がかかりそうだったら、素直にそのように伝えます。また、その質問の回答は後日でも必ず準備します。そのように一つひとつ想定外の質問を無くすことで、次からの商談では、余裕をもって臨めるようになります。

ぜひ事前準備をして、「想定外」を極力減らした上で臨むことをおすすめします。

それでももし失注してしまったら、その理由をその場で聞くのもいいでしょう。僕はその会社の方と後日お会いする機会があったら「どの会社さまと契約されましたか？　自分自身を成長させていきたいですし、次回選んでいただくためにも理由を教えてもらえませんか？」と聞くようにしています。

自分の中で「これが理由かな」と思っていても、「実は全然違う理由だった」ということもあるので、まずは聞いてみましょう。

あとはとにかく、質問内容をブラッシュアップさせることです。

質問を投げかけてはみたものの答えが明確にならなかったなとか、潜在ニーズが全然掘り起こせなかったとか、この質問で本当は価値に気づかせたかったけど、それができなかったな、と気づいたら、質問そのものや語尾、あるいは表現、そして順番を変えるなどして一個一個改善していってください。そうすれば、次の商談はよりブラッシュアップされた状態で臨めます。

質問のリストも1回作ればそれでいいわけではありません。全部暗記してそれをその通り使っていくのではなく、質問自体をブラッシュアップして、質の高い質問に作り上げていくということが重要です。

大事なことは、最初から完璧なものは作れないし、作る必要がないということ。商談を重ねながら、そのたびごとに自分を進化させていけば、いつの間にか穴のない、高い完成度のものを作ることができます。

これで第3章も完了です。いよいよ第4章からの実践編に移っていきましょう。

第4章

自動的に売れ続ける仕組みの作り方

グーグル口コミの活用が欠かせない！

無料の口コミツール　グーグル口コミの破壊力！

1〜3章で「売り込まないセールス」とは何か、そのやり方を深く理解したところで、第4章はいよいよ実践編。「売り込まないセールス」を活用して「自動的に売れ続ける仕組み」を作っていきます。

本書の読者の半分近くは「店舗ビジネス」や法人営業や車の販売などの「セールス業務」に関わっているのではないかと思います。そこで第4章では店舗ビジネス、セールス業務の人に適した「自動的に売れ続ける仕組み」を解説します。次の第5章では士業や個人事業主の方に最適な「紹介」を活用した「自動的に売れ続ける仕組み」を紹介します。もちろん、士業の人も、第4章で学ぶことを活用して大きな成果を上げられますし、店舗で働くスタッフの方が第5章のやり方で大成功したケースもたくさんあるので、両方読んで「自分はこっちだな」「両方やれるかも」というのを自分で考えて実践してみてください。

さて、**店舗ビジネス、営業活動における販売の自動化の秘訣はズバリ！「グーグル口コミ」を活用すること**です。「グーグル口コミって何？」という方もいらっしゃると思うので簡単に解説します。

今あなたは小腹が空いて、近場のファストフードを探そうとしています。手元のスマートフォンを使って、グーグルの検索エンジン、もしくはグーグルマップを開いて「ハンバーガー」「ファストフード」と検索をするでしょう。するとピンがマップ上に刺さり、リスト表示され、選ぶと目的地までの距離と行き方を指示してくれるマップ機能がありますよね。1度や2度は活用されたことがあると思います。

このピンが刺さった後のリスト表示に「口コミ」(評判)が記されています。主に点数(星印)と評価件数の総数表示です。

多くの人はこの評価を見て「どこの店がいいかな」と検討をします。当然ながら、より良い点数・より多くの件数が入っている方が信用できるし、期待感も高まりますよね。

この「口コミ」の評価件数を増やし、高い評価を得ることが、店舗ビジネスには欠かせません！という話です。例えば、口コミ総数1000件で平均評価が4・1もあったら、「利用してみたい」と思いますよね。一方で同じく評価が4・1でも口コミ総数が7件だったりすると、「自作自演で良い評価を入れているだけなんじゃゃ……」と簡単に信頼できないと思います。

ちなみに、これから説明するプロセスはＢｔｏＣ（対一般のお客）のみならずＢｔｏＢ（対法人のお客）でも活用できますから、本章後半でその事例も紹介します。

グーグル口コミ以外の集客ツールは必要ない！

実はグーグル口コミを活用すれば、「集客自動化」に必要なすべてが手に入ります。はっきり言って、それ以外の集客ツールは必要ありません！

何よりも無料です。広告やチラシを使わなくてすむので、利益を増やすことができます。さらに、お客さまにとっては「理想のお店」になるため、高い顧客体験が「上顧客化」（ロイヤルカスタマー化）を促します。従業員も、多くの高評価を得ることで自信とやりがいが生まれ、従業員満足が高まり、離職率が低下します。すると、より高い顧客体験を提供しようというモチベーションが高まるので、顧客体験の質が向上するという好循環が生まれます。

当社のクライアントも、２０２０～22年、コロナ禍にもかかわらず、過去最高売上・利益を達成し続けた企業が3社ありました。すべての企業で共通しているのは、同業では全国トップクラスのグーグル口コミの高評価・件数を達成していたことでした。

そもそも口コミを見て来店したお客さまは、店舗に対する信頼性が高い特徴があります。「こんな素晴らしい店舗なのか！」と期待感が高まるため、「売り込まれる」や「高圧的な態度を取られたら嫌だな」という不安を抱かず、最初から「ここは大丈夫だ」と確信を得た状態で店に入ります。

販売員（営業）も、初来店したお客さまの「警戒心」を感じることがないため、スムーズに接客に入れます。「アプローチ」（声かけ）はクロージングに次いでストレスのかかるプロセスといわれています。このハードルをグーグル口コミで無効化できるのはとても大きいです。

口コミを見て来店するお客さまの成約率と客単価は高い傾向にあります。これも、店への信頼の表れです。

4ステップでできる　集客→高成約率の自動化

では具体的にどんな取り組みをすることで、「新規集客→高成約率・高単価の自動化」を実現できるのでしょうか？　それは、以下の4ステップからなります。

①入店から退店までのプロセスの明確化
②各プロセスにどんな「ストレスリスク」があるのかの可視化
③ストレスの表面化を防ぎ事前に解決
④どんな口コミフレーズをもらうと見込み客の集客につながるのかを考え、実行する

より詳しく学びたいという方は、拙著『口コミだけで繁盛店を作る究極の集客術』（日本能率協会マネジメントセンター刊）をお読みいただくと理解が深まるのでおすすめします。

法人営業の場合は後述するので、ここでは店舗ビジネス向けに詳細を説明します。

①入店から退店までのプロセスの明確化

はじめに、あなたの店舗に足を踏み入れた瞬間から会計が終わり店舗を出る瞬間までのプロセスを10個挙げてください。

例えばアパレルの場合、入店挨拶→お声がけ→ニーズ喚起→商品提案→商品説明→試着→購入意思確認→レジ案内→会計→見送りという感じです。プロセスを明確にして接客全体を可視化しましょう。

②各プロセスにどんな「ストレスリスク」があるのかの可視化

続いて、各プロセスにどのようなストレスがあるのかを検討します。例えば声掛けであれば「まだ何も決めてないのに試着を強要されるのが嫌」「売り込みを感じて不快」というのがストレスとして挙げられますよね。各プロセス2つ以上の「お客さまが感じるであろうストレス」を明確にできると良いです。

③ストレスの表面化を防ぎ事前に解決する

ストレスを表面化させないための事前準備をします。②のストレスが表面化すると、「ここで買って大丈夫かな」「不快だ」「ゆっくり見られない、また今度にしよう」「だから店員がいる店で買いたくないんだ」とストレスが積み重なり、退店(未購入)という行動に移行します。そうならないために、②で挙げたストレスを根本から排除するための方法を検討し、事前に現場で徹底・周知・仕組み化します。これでストレスの表面化を防ぐことができます。

④理想の口コミフレーズを考案し、ひと手間かけて実現する

顧客にとって「ストレスフリー」な店舗ができ上がったら、次は「顧客にとっての理想の接客」を描きます。例えば、「親切」「丁寧」「優しい」「親身」など。接客でこうした印象を受けると「また行きたい！」「この人から買いたい！」となりますよね。それは見込み客の獲得でも同じ。口コミに「親切」というワードがたくさん入っている店舗だったら、お客さまは気負うことなく来店できます。集客につながるワードを可視化し、そのワードを口コミに盛り込んでもらうために、自店の接客に「ひと手間」かけて効果的に改善するのです。

具体的には、店内が広いとか、商品が安いといった自分たちではどうにもならない評判を除いて、店舗で働く人で改善できる接客関連の事柄にフォーカスをします。

具体的に、東京・原宿のあるクライアントでは、入店後にゴミをもらう、というひと手

間があります。原宿の竹下通りはフィンガーフードのメッカとして知られています。入店されるお客さまは何かしらゴミを手に持って来店することが多いです。ドーナツの包み紙やコーヒーの空きカップなど。お客さまの入店時に、これらに気づいたら「捨てましょうか？」と声をかける。

いかがですか？　親切な対応ではないでしょうか。このように、接客を通してひと手間を加えて理想のフレーズを想起してもらうことで、口コミ投稿時に「親切」というワードが自然と入るのです。

ライバル店の口コミから、理想のフレーズを設計する

新規集客から高成約率・高単価を実現するためには口コミフレーズが重要です。良い口コミでも「へぇ」で終わってはもったいないのです。僕はクライアントに見込み客が口コミを目にした時にどんな口コミなら「これは店に行きたい！」と強い動機にかられるのかを考

えてみましょうと伝えています。

そうはいっても……という方もご安心ください！　業界のイメージや人気ライバル店の口コミを見て理想の口コミフレーズを設計することも可能です。

例えば、原宿のクライアントのライバル店の口コミは「接客が悪い」「店員が無愛想」と接客対応でネガティブな口コミが多かったです。理由は接客で工夫をしなくても立地的に売れるからです。商品の希少性もあって、偉そうな店員が多いとのこと。これは顧客の多くが体感している印象なので、この反対の口コミをもらえれば、当然あなたの店は輝きますよね！

「接客が良い」「店員さんが素晴らしい」「もっと早く出会いたかった」などの口コミが入れば「原宿なのに接客が良い」という「良いギャップ」を作り出すことができます。ぜひ周辺の同業の口コミをご覧になって設計してみてください。

ここで説明をした、質の高い口コミを獲得することでほぼ自動化は完了します。以下ではそのための具体的な手法を説明しますので、早速取り掛かっていきましょう。

販売員のスキルアップを通して店舗体験の質を向上させる！

できる項目を一つずつ増やしていく！

当たり前ですが、何もせずに勝手に、新規顧客の集客と高い成約率、高単価の実現が自動化され、売上・利益が積み上がっていくわけではありません。

働く人が常に成長し、アイデアをアップデートし続けることが求められます。前節で紹介した①～④も常にブラッシュアップする必要があります。

例えば、「お客さまのゴミをもらう」という素晴らしいひと手間は、もう「当たり前」にやっているので、この店舗では④の項目からはすでに除外しています。全員ができるレベルに到達した時点で、それを除外して、新たな項目を追加していきます。

つまり、できる項目を一つひとつ増やしていくことで、どんどん店舗の接客レベルを上げていくわけです。


とある焼肉屋さんでの出来事です。他の焼肉屋では出会ったことのないサービスに感動しました。

着座したらおしぼりをもらえますよね。お肉を焼き始めたり、タレがこぼれたりして拭いていているうちにおしぼりはタレや脂まみれになっていきます。新しいものと交換してほしいけど、わざわざお願いするほどでもないかなと思っていた頃、「よろしければおしぼり交換しますよ！」と声をかけてくれたのです。お肉を焼き始めてから30分後くらいです。これが一度に限らず、おおよそ30分に1回のペースで綺麗なおしぼりを持ってきてくれて、「非常に気持ちの良い」時間を過ごすことができたのです。

これは、素晴らしい顧客体験です。

でも、この日はたまたまで、次行ったら何もしてくれなかったらどうですか？「えっ前回あれだけ良かったのに……なぜ？」と、がっかりしませんか？

そうなんです。

一度経験したひと手間は、そのお客さまにとって「当たり前」になってしまうのです。つまり、常にブラッシュアップし続けて顧客の感動を追い求めることが必要なのです。

販売スタッフが高めるべき3つの能力とは

では、このブラッシュアップにつながるアイデアの源泉はどこにあるのでしょうか？

はじめのうちは本部が顧客体験の質を向上するプランを策定し、現場に浸透させますが、基本的にアイデアの源泉は販売員にあります。「もっとこうしたらお客さまに喜んでもらえるんじゃないか」という前向きな問いが、顧客の感動を創造します。

そのためにも販売員のスキルを向上することが大切です。常にお客さまと接しているのは販売員だからです。

主に販売員が高めるべき能力を3つ紹介します。

①潜在ニーズにリーチできる対人スキル

まず大事なのは、顧客のニーズや要望を引き出す「コミュニケーション&ヒアリングスキル」です。お客さまの喜びは顕在ニーズにはなく、潜在ニーズにあります。本書でもヒアリングの重要性については説明をしているのでここでは割愛しますが、「想定外」の出会いや経験で人は感動するので、潜在ニーズにリーチできるコミュニケーションスキルを体得することが求められます。

②「作業」を効率化するタイムマネジメント

2つ目は、時間管理です。販売員は常に時間との勝負です。理由は、人材不足から来る作業過多の環境です。これは仕方がないといえば仕方がないのですが、お客さまにとってあなたのお店が「忙しいか、暇か」は何の関係もありません。だから皆さんは常に一番良い状態でお客さまを迎えてほしいのです。僕も1秒でも長く店頭に立って丁寧な接客をしたいと思っていたので、作業は1秒でも早く終わらせるようにタイマーを使って仕事をしていました。主な仕事は在庫整理と入荷検品なのですが、必ず時間を決めて取り組み、できていればOK、できなければなぜ目標の時間内で終わらなかったのかを振り返り時間を縮める努力をしていました。「作業」は必要な仕事ではありますが、それだけでは1円の利益も上げないため、効率化を求めましょう。

③成功体験の積み重ねで獲得する「学習習慣」

続いて学習習慣です。売れる販売員に共通しているのは学び続ける習慣を持っていると いうことです。これも売れ続けるための仕組み作りに欠かせません。

僕自身、ＡＢＣマートでアルバイトをしていた頃からビジネス書や経済誌を読んでいました。接客スキルを高めるのはもちろんのこと、雑誌を通してビジネスネタでお客さまに共感できるように情報収集にかなりのお金と時間をかけてきました。

すべてはリピートしてもらうためです。「彼以外の販売員からは靴を買いたくない！」という依存状況を作るために徹底して学習をしたのです。

では、自然と「学び続ける習慣」を得るためにはどうしたらよいのか？　よく研修で質問されることなのですが、答えは一つ、「成功体験を積むこと」です。

勉強をしても結果が出なければ「意味がない」と決めつけて、やめてしまいがち。ビジネス書を読むでもよいのですが、学習をして「すぐできること」「すぐ結果につながること」の基準で行動選択をするとうまくいきます。このことは第１章で説明した通りです。成功体験が学習を加速・継続させる一番の特効薬です。

「名指し投稿」を集めると〝来店率〟と〝購入率〟が上がる

「名指し投稿」で購入意欲の高い見込み客を集める

これまであらゆる店舗ビジネスで置き換え可能な自動化の秘訣を話しましたが、ここでは高額商材についてお話をします。当社のクライアントでも自動車やエステなど接客販売なしでは販売することができない高額商材を扱う店や専門店に効果バツグンな話をします。

それが、「名指し」です。さて、高額商品を扱っている店舗にどんなイメージを持っていますか？　パソコン専門店で働いていた時、お客さまの警戒心は尋常ではありませんでした。他の量販店で高齢者に高額なパソコンを売りつけ、それに困った高齢者が消費生活センターに相談、「クーリング・オフ」になる事案が多発していたからです。

このようにお客さまは、「必要のない商品を売りつけられる」という印象をお店や販売員に対して持っています。とくに、情報の非対称性といって、お客さまがお持ちの情報＜販売員が持つ情報、という関係性のとき、お客さまは強い不安や警戒感を持つわけです。

これを払拭するのも、グーグルの口コミです。「来店前に販売する人の人物像が見えると来店数は増加するのではないか？」と予測をして僕が始めたのが「名指し投稿を集める」です。これがドンピシャではまり、今では高額品を扱う当社のクライアントにおいて、新規顧客の約半分の人がグーグル口コミを見て来店をしたと回答をしています。

これ、驚異的な数字だと思いませんか？

「リード」（見込み客）の獲得方法はクライアントごとにまちまちなのですが、口コミの割合がどの企業も一番多いです。もちろん最初から検索をして口コミを見た人もいれば、広告を見て「大丈夫かな、口コミを見てみよう」とグーグルの口コミを見て「この店なら大丈夫だ」と思った人もいます。来店したらすぐにネームプレートを確認するお客さまが増えたという報告を頻繁にクライアントから受けています。まさに「してやったり」ですね。

この口コミ戦略は、従業員のモチベーションアップにもつながります。名指しで来店してくれるお客さまが増えれば、売上も上がるし、そのお客さまの期待に応えようと接客も頑張り、知識をつけるための勉強にもより力が入るようになる。結果、ますます売上が上がり、ますます良い口コミが増えるのです。当然**離職率の低下にもつながります。**

高額な買い物だからこそ、信頼できる人から買いたい！

「良い口コミを目にする」ことだけでも、お客さまにとっては十分効果的なのですが、「担当してくれた中村さんが最後まで我慢強く納得のいく車探しを手伝ってくれて本当に嬉しかったです！」という口コミを見たら「中村さんに接客してもらいたい」と思いませんか？

人生で数回しか購入しない高額商材だからこそ、何を買うかの最終的な決断を含めて、

「誰から買うか」を、お客さまはすごく大事にしているのです。自動車以外でも、ジュエリーや結婚式、住宅なども名指しの投稿をいかに集められるかで「新規集客」「高成約率」「高単価」の自動化に、同様の効果が見込めます。

「でも、名指しの投稿を集めるのって難しいんでしょ?」

とよく聞かれますが、実は超カンタンです。

お客さまに口コミ投稿依頼をする際、「投稿の際、私の名前も入れていただけますでしょうか。お客さまの投稿に私から直接ご返信させていただきたいからです」と伝えればOKです。あとは、あなたに抱いた印象（理想のキーワード）を盛り込んだ口コミを投稿してくれるはずです。

法人営業で不可欠！「紹介」「問い合わせ」を増やす仕事術

「未来型プロフィール」でお客に自身の価値を売り込もう！

本書で何度も、僕は「自分から売り込みができない」という話をしています。実際、僕のような気の弱い人はたくさんいるはずですし、売り込みたくない人がほとんどではないでしょうか。そんな僕たちにとって、「集客の自動化」「成約（しかも高成約率で高単価）の自動化」は仕事を成功に導く上で不可欠です。

そのために、セールスパーソン（販売員、営業担当者）は以下の2つの努力が必要です。

1　理想のプロフィールを体現する

2　〝お客さまが他社に目もくれなくなる〟ほどのフォローアップをする

1　理想のプロフィールを体現する

僕は年に1～2回、自身のプロフィールをブラッシュアップしています。常に、顧客が思わず紹介したくなるような人材であり続けたいと思うからです。

本書をお読みいただいているフリーランスの方はとくに実感されていると思いますが、オンラインで比較をされて選ばれる一つの材料がプロフィールです。いかに魅力的なプロフィールかで「この人に仕事を依頼したい」と思うかどうかが決まるからです。

会社員の人でも同様、「私は何者なのか」「自分がクライアントの担当になると、どんな価値を提供できるのか」を証明するのが自己紹介プロフィールです。

ブラッシュアップする際、僕は「1年後の姿」を想像してプロフィールを作り変えています。

例えば、「創業18年で４００社を担当、研修登壇回数５０００回突破！」など到達したい実績を書くようにしています。現時点では達成できていなくてもＯＫ。**一年後の理想の姿を明確にした「未来型プロフィール」を作ることで、上げるべき実績を可視化**できます。

本書をお読みの方の多くはセールス・販売に従事されている方だと思いますから、「どんな企業から買うか」よりも「誰から買うか」の方が、皆さん自身でコントロールできる領域です。ですから最強のセールスパーソンを目指して１年後の理想のプロフィールを作りましょう。

僕は「２０２５年（今年です）に海外進出をしよう」と決めています。そのためには、海外でなんらかの実績があるとよいなと考え、23年頭の未来型プロフィールとして「〇〇社による次代を担うアジアを代表する研修企業１００選に選出」と書き加えました。

すると、なんというめぐり合わせでしょう！　実際にアメリカの出版社から「アジアを代表するセールストレーニングカンパニーに選出しました」という連絡を頂いたのです。

理想のプロフィールを明確にすることで、無意識にその実現に向けて自身を高めようと努力するようになりますから、今回のような「ミラクル」も起こるのです。

顧客からより信頼され、より他社紹介もしてもらえる人材になるには、どんなプロフィールが考えられますか？　1年後、今よりもっと良い業績を上げるにはどんなプロフィールを目指すことが必要ですか？　ぜひ一度明確化してください。

2　〝お客さまが他社に目もくれなくなる〟ほどのフォローアップをする

プロフィールを明確化した後にやるのは、いざ実践です。

僕はこの先も、「売り込まずに楽しく商談しているだけで契約を取り続けたい！」と思っています。問い合わせと紹介だけで、ビジネスが潤沢に回るようにしたいと心から願っています。

そのために必要なのが、「仕事のクオリティ」です。僕は常に既存クライアントの満足度向上に努めます。多くの売れないセールスは、契約がゴールだと勘違いをしています。つまり、「どうしたら売れるか？」ばかりに目がいってしまって、その先のことを考えていないんですね。

ひとたび契約が取れたら、仕事は完了とばかりに一切フォローをしない担当者は「こいつは使えない」「契約取るまではペコペコしていたのに、契約後はダメだな」という印象を与えてしまいます。それでは、リピート紹介はありえません。

僕は法人営業のクライアントには契約獲得のセールススキルも大切ですが、同じくらいフォローが大事ですと伝えています。なぜなら、前者のスタンスだと、ずっと新規営業をして〝消耗〟し続けなければいけないからです。

僕が大切にしていることは、常に「やっぱり成田さんは違う」とお客さまから思っていただいて、かつその「イメージ像」を毎回よりよいものへと更新し続けること！

だから、18年間もの間、研修講師・コンサルタントとして続けることができたのだと思っています。

一度契約をしたら、お客さまが他社に目もくれないほどの関係を築き続けることで、売り込むセールスとは無縁の仕事人生を送れるのではないかと考えています。

顧客のストレス一掃で失注がなくなる！

セールスプロセスは常に刷新されているか？

コロナ禍にもかかわらず、当社クライアントの大手電機メーカーの営業部では、昨対比111％を実現する大躍進につながりました。理由は、セールスによる基本の徹底にあります。

それこそ、本章冒頭で「4ステップでできる　集客→高成約率の自動化」で紹介した**①プロセスの明確化、②ストレスの可視化、③事前解決、④ひと手間、**の4ステップを同じように電機メーカーの営業でも活用しました。具体的な手法としては、「アポ取り→初回訪問」「お礼メール→2回目訪問」「決済者商談」と複数回に分けて、①～④のステップ実施を検討しました。

まず現場が抱える課題は、これまでルート営業で売上を確保していたが、他社に顧客を奪われここ数年業績低調にある、というものでした。

この話を聞いて「不振理由はセールスプロセスにあるのでは？」と考え、ヒアリングをしたところドンピシャでした。

需要が大きかった時代とほぼ同じセールスプロセスを実施していたからです。

需要が爆発している時の営業活動と、供給過多（競合が多い）の時の営業活動は似て非なるものです。前者は顕在ニーズに応えるだけで仕事が取れるし、あまりフォローに力を入れなくても、ヒアリングにエネルギーを注がなくても受注できますから、次から次へと案件が舞い込んでくる状態でした。

同じことを供給過多の今の時代にやったら……、だめですよね。他社の細部まで行き届いた素晴らしい提案には勝てないでしょう。

顧客がどんなストレスを感じているのかを〝実感〟しよう!

そこでまず基本に立ち返るべく、①〜③に力を注ぎました。

プロセスとしては、「アポ取り→初回訪問」「お礼メール→2回目訪問」「決済者商談」の各段階で10個ずつ取り組むことを挙げてもらい、プロセスとして設定しました。

「アポ取り→初回訪問」は以下の10個です。なお、9つ目の「潜在ニーズヒアリング」は、僕のセールス研修を受けて、新たに営業プロセスに取り入れたものです。

1：持参資料準備
2：アポ取り
3：ヒアリングシートの送付
4：訪問
5：挨拶および名刺交換
6：アイスブレーク

7：ニーズ確認
8：資料説明
9：潜在ニーズヒアリング（新たな項目）
10：宿題事項確認・次回の日程調整

次に、**それぞれのプロセスにどんなストレスが考えられるのか？**を顧客視点に立って挙げてもらいました。

というのもこれまで需要が爆発していた頃の発想が抜けていないため、営業する側視点の営業プロセスと内容になっていたからです。

「顧客が気づいていないことを知るためのヒアリングをしていますか？」と聞くと、やっていない人が多かったですし、ニーズが明確になっていないのに「当社はこのようなことができます！」といきなり提案をする人もいました。

これまでの自社のセールス活動に対して、「顧客は実際のところ、どう思っていると思いますか？」と質問したところ、「間違いなくこの不満（ストレス）を与えているでしょうね」と異口同音。顧客のストレスが、失注につながっていたことを、皆さんが完全に理解できた時間でした。

あなたが気づかない間に見込み客は契約する意思を失っている……。これを店舗ビジネスでは**「サイレントクレーム」**と呼んでいます。日本人は外国人と比べて意思表示をしないため、無言で立ち去るからです。

「なんだ、買う気がなかったのか?」と判断してしまいがちですが、プロセスのどこかで失望させているからこそ購買・契約意欲がなくなっているのです。

商談・納品後のフォローの質を高める「カイゼン」習慣

自己否定の習慣がお客の満足をいっそう上げる原動力に

商談で失注をしたら、多くの人は「顧客に買う気がなかった」「契約する意思がなかった」と決めつけて次の商談へ意識を切り替えてしまいがちですが、これはおすすめできません。

営業は消耗戦でもあるので、あまり引きずりすぎるのが良くないのは確かです。しかし、目の前の課題に気づかず営業活動を続けても毎回同じところで失注をするだけで、いつまでも成約率は高まりません。

フォローアップも同様。リピートオーダーにつながらないクライアントに対して「やるべきことはやったから、これ以上提案するのは時間のムダ」と考えるのはもったいない。売り物は無限に存在します。なければ作れば良いのです。

短期的な付き合いではなく、長期的な付き合いをしていくことで信頼関係が醸成され、それが紹介を生み、「自動化」が確立されていくのです。

自社で売り物がなければグループ会社を紹介する、もしくは友人知人で信頼できる企業があれば紹介するのも良いでしょう。こうして**「徳」を積み続けることで「返報性の原理」が働きお返し（紹介した友人知人会社からの紹介）が生まれます。**

当社で対応することができないマナー研修などはすぐにパートナー企業に紹介をします。双方にとって幸せな関係につながっているのでクライアントにものすごく感謝されます。会社員であれば勝手に他社を紹介するわけにはいきませんが、損得抜きのフォローを重ねる努力は必要です。

「失注して同じことを繰り返す」「フォローをしてもリピートオーダーや紹介につながらない」といつまでも自動化できないのであれば、間違いなくどこかに課題があるので、向き合いましょう。

僕は基本的に自分自身のクオリティに常に疑いの目を向けているので客観視（メタ認知）を心掛けています。顧客にとってベターはあってもベストはないと思いましょう。必ずどこかに改善できる余地はあります。

18年間専業で研修・コンサルティングをしてきた僕も、いまだに顧客への対応で満足できたことはありません。感謝されて嬉しかったことはありますが、余韻に浸るのは10秒くらいで、即座に「でもここはもう少し……」と自分のアラを探すようにしています。

この「自己否定」は、自分をカイゼンするために不可欠な時間。ぜひこの思考習慣を身につけてください。

「個」のつながりがモノを言う時代　自分の価値を向上させる

自動的に売れ続ける仕組みを作る方法いかがでしたか？

「ぼーっとしていても勝手に売れていく方法を期待していた……」という方には、がっかりさせてしまったのかもしれません。もしそんな方法があれば今頃全員がやっていてすぐにその手法は陳腐化し使えないものになっているはずです。自動化は、相応の高い品質と考え抜かれたサービス設計があってこそ、できることなのです。セールス活動における負担が減って快適になるのであって、サボっても結果が出るということはあり得ません。

僕は18年間このスタンスで仕事をしてきました。時代の流れとともにセールスの在り方や手法も多々変わってきましたが、この手法は普遍的です。

これからますます何を買うか・どこから買うか・どの企業と契約するか・どのサービスを契約するか、よりも「誰」から買うか・「誰」と契約するかにフォーカスがあたる時代です。**「個」のつながりが重要な時代**なのです。

X（旧ツイッター）を見ていても、たった一人で毎月何百もの新規・MNPの携帯電話回線を獲得しているキャリア営業社員もいます。**会社のブランドで売る、立地優位で勝手に売れる、という時代は終わりを迎えている**のです。

だからこそ、**自分の価値を向上して選ばれる人に成長**していきましょう。この章で紹介したことを取り組むことで得られるメリットはとても大きいです。僕自身もそうですが、クライアントでも実証済みです。

第5章

販売自動化で税理士の年商を3倍の6000万円にした方法

自動的に売れ続けるための3つの仕掛け

年商1900万円から6000万円のロードマップ

第5章では、高額品や自分自身を売ることが求められる職種、例えば「士業」などでも高い確率で自動的に売れ続ける仕組みを構築するためのノウハウをご説明します。

ここでは僕のクライアントである税理士の人の実例として、「販売の自動化により年商1900万円から6000万円へと3倍に引き上げた手法」を解説していきます。

第5章で解説する「自動的に売れ続ける仕組み」は、士業に限らず、物販やサービス業、飲食店でも活用できます。自身のファンと紹介を増やしていくというモデルは基本的に一緒。業界にとらわれずに「自身のお仕事に置き換えて」読み進めていってください。

1つ目は、「なぜあなたが選ばれるのか」の明確な理由を作ること。

2つ目は、最初から買う気になるセールスデザインを組んでいくこと。

そして**3つ目は、紹介者からのリードがほぼ100%集客になっていく**ということ。これは紹介してくださる方が一定数いて、その方々が仲間を集めてくれるイメージです。

そのためこの税理士事務所は、広告を全く打っていません。それなのに基本的に毎月5件から10件の紹介から新規受注が生まれている状況です。

お客は「紹介者」と「既存客」とで分かれています。いわゆる紹介者というのは個人事業主を顧客に抱えている弁護士さんや、社労士さん、保険の外交員の方など。

一方、既存客というのは店舗ビジネスをされていたり、年商でいうと1000万円から1億円ぐらいまでの事業主の方々のことで、そうした方々を対象に顧問契約をしているケースです。

この「紹介者」と「既存客」の満足度をいかに上げるかがすごく大事。上げることで「紹介案件」がどんどん生まれていくという話になります。

あなたが「選ばれる理由」は何か？

既存客がなぜあなたを選んだのかを明確にする

まず**「あなたが選ばれる理由は何か」を明らかにします**。

今回実例に挙げる税理士事務所は、基本的に大手企業を中心に企業研修やコンサルティングをしています。

初めて僕がこの方（仮名で濱村茂さんとします）とお会いした際、僕は質問攻めにしたんです。どうやって仕事を獲得しているのかがわからなければ業績拡大の道が見えないからです。

現在、どうやってお客さまを獲得しているのか、既存のお客さまからの紹介案件はどの程度あるのか、その紹介はどんな理由で紹介してもらっているのか、あるいは同業者とどう差別化しているのか、などなど。

そのなかで大事なことは、「見込み客」と「既存客」との間で、顧客化プロセスの整合性が取れているかを確認するということです。ここで、「見込み客」とは、失注する可能性もあるお客さま候補のことで、「既存客」とはすでにあなたに全幅の信頼を置いているお客さまのことであると、僕は定義しています。

その上で、まず、見込み客についての営業プロセスを明確にしてもらいました。具体的には、「見込み客とはどのように出会ったのか?」というもの。そして見込み客がどのような経路で、

1 あなたが「選ばれる理由」は何か?

- 見込み客が目の前にやってくるまでのプロセスの明確化
- 見込み客が契約をする商談の全体像
- 既存客はなぜあなたを選んだのか?
- 既存客はどこからきたのか?
  どこで・何であなたと出会ったのか?
- 業界の悪いイメージは何か?
- 商品価値と業界の悪いイメージのギャップが一番大きいワードの発掘
- 競合他社との明確に違う“勝てる価値”は何か?
- 負けているところは何か?

濱村さんの目の前に現れるのかを根掘り葉掘り聞くことで、見込み客の流入経路を確認しています。

このプロセスの明確化の中で、誰が紹介してくれたのか、今までどんな人たちが紹介してくれたのか、メールやSNSなどどんな連絡手段でどんなやり取りをしているのか、販促ツールとしてどんな小冊子を渡しているのか、まで全部教えてもらうようにしています。

次に既存客の顧客化プロセスを明確化します。

具体的には右ページ図表の4番目、「既存客(上顧客のこと)はどこからきたのか」を、具体的にアンケートを取って把握しました。その上で僕の方から「どうやったら目の前に見込み客の方がやってくるんですか？」と質問しています。これによって「プロセスの明確化」をしました。

企業視点だと新規客をどう捕まえるかを重視するので、どうしたらお客さまを集められるかに重点を置くことが多いのですが、そのためにもまず、既存客について考えるべきです。既存客とこれまでどのように出会ってきたのかを棚卸しするだけで、「攻めるべきポイント」が明確になるからです。

第3章で見込み客との商談の全体像を解説していますが、その流れに沿って、僕もこの事務所がどのようにセールスをデザインしているのかをヒアリングしていきました。

どのようなかたちで紹介を受けているのか、例えばその紹介者も含めて対面型の面談をしているのか、それともＺｏｏｍなどオンラインツールを使って面談しているのか。そして、紹介者がどんな風にその事務所のオーナーを紹介してくれているのか、どんな内容の話から紹介を進めているのかを確認していきます。また、メールなどで事前にその辺の基本情報は交換しているので、商談ではすぐに条件面から話しているのか、さらにはその後どのようにして商談の全体像を構築しているのかを聞いていきます。

次に「既存客がなぜあなたを選んだのか」も聞いてください。税理士事務所はたくさんあります。そのなかから、「なぜ選んだのか」を知ることはとても重要です
それを明確化させるために、先述の通り既存客にアンケートを取ります。例えば決算月には直接会う機会がありますから、その際、「なぜうちの事務所を選んでくださったんですか？」と聞いてもらうようにしました。

こうすることで、「見込み客が目の前にやってくるプロセス」と、「長期契約している既存客とどう出会いどんな理由で選び続けてもらっているのか」の整合性を取っていくのです。

誰の紹介だと成約率が高いかを可視化する

するといろんなことがわかってきます。とくに、マーケットニーズがあるからうまくいきそうなのに、うまくいっていない部分が見えてきます。ここを特定し、てこ入れすればいいのです。

今までうまくいってなかったのは、単純にやり方が良くなかっただけなのか、それとも既存客の顧客化プロセスとは異なることを見込み客に対してやっていたからなのか、などに気づくわけです。

例えば、不動産業者と銀行からの紹介件数が多い一方で、個人事業主の保険の外交員さんからの紹介が少なかったとします。

さらに調べると、不動産業者と保険外交員さんからの成約率は高いのに、銀行からの紹介案件の成約率は低かったことがわかりました。これによって、「自社のサービスと紹介してくださる方とのミスマッチ」が見えてきました。

一方、外交員は成約率は高いのに、件数が少ないということは、こちらからもっと外交員さんと交流してつながりを作れば、さらに集客が安定することが見えるようになるわけです。

大事なことは「事実」。どこで出会って、何がきっかけで、ご紹介いただいたのかを深掘りして強化していくのです。

不動産業者からの紹介が多い場合は、

「どの不動産業者からの紹介が多いですか？」

「こういう物件を扱っているところが多いですね」

「そうした事業者は県内に他にいくつあるんですか？」

「あと20件くらいあります」

「では、まずここ全部友達になりましょう」

といったやり取りを通じて、可視化していきます。

まずはここまで「基盤」を作り込みます。他にも対象客のリストを持っている業界や企業はいっぱいあるので、それに対してもリーチしていく必要があります。見込み客が目の前に来るまでのプロセスを明確化したのちに、見込み客を安定的に増やすための方策を明らかにしていくわけです。

業界の悪いイメージを可視化し、それを逆手に取る！

もう一つ、大事な取り組みがあります。それは、「業界の悪いイメージ」を聞くということです。

「どういうこと?」と思うかもしれませんが、これが結果的に付加価値を感じてもらい、売り込まずに売れる状態を作るセールスデザインの構築に欠かせないからです。

コンサルティング業界を例にします。

「報酬は高額なのに結果が出ない」という悪いイメージを持たれやすい。かつ、過去の古いマーケティング理論を持ち出して、好き勝手なことを言いっぱなしで終わる、そんなイメージです。

つまり、高額なフィーを要求して、口ばかり達者で俗人的なノウハウを語り、結果に責任を持たない「胡散臭い奴ら」というイメージを多くの人が持っているんですね。

その悪いイメージを明確化することが大事。なぜなら、それを逆手に取れば、価値を感じてもらえるからです。

例えば**「結果が出ない上、契約期間が終わったら、赤の他人のようになってしまう」の反対は何でしょう？**

僕が出した答えで、かつ実践していることが、**結果が出るまでフォローすること、**です。

1つ事例を挙げます。20代の頃に3年間契約していただいた、ある自動車販売店の会社の話です。

1〜2年目はすごく順調だったのですが、3年目で約束した数値が未達となりました。その後どうしたかというと、その後の半年間はコンサルティングフィー無償で、交通費も自腹で神戸まで毎月コンサルティングに行ったのです。その結果、少し時間は遅れましたが、半年後、目標を達成することができました。

そしたら先方は「今までこんな人を見たことない」「本当に成田先生のおかげです」と言ってくださった。「いいえ、僕のせいで期限までに達成できなかったのでこちらこそすみませんでした」と、大粒の涙を流しながら三宮で一緒にご飯を食べたことを今でも覚えています。

そんなことがあったので、結果的に、外資系ディーラーのB社とP社さんをご紹介いただけたのです。

その時、コンサルに対して悪いイメージがあるだけに、その「逆を取る」ことができれば、大きな付加価値を生むことが実感できたのです。

仮に皆さんがコンサルに対してポジティブなイメージを抱いていたとすると、そのイメージに沿っていこうと思えば、競合はめちゃくちゃ増えます。同じことをやるからです。逆に、「ネガティブなイメージを持たれているもの」の逆側のポジションは、できれば多くの人が取りたくないこと。

例えばコンサルティングで「結果責任を負う」なんてことは多くの会社はやりません。

でも僕は、結果が出るまでやります。お金をもらっている以上は、それに伴う価値を提供するということを決めているからです。そうじゃないと18年間、こんな大手企業を中心にコンサルティングや研修を続けることなどできません。

僕が結果責任を負う理由

なぜ僕は、結果を出すことにこだわるかといえば、僕は23歳で独立したのですが、最初は全く相手にしてもらえなかったからです。「社会経験もないのに、なんでお前がコンサルするんだ」といった反応が返ってきました。

その反論は、**「実績」で黙らせるしかない**。だから僕は今でも販売員の仕事をして、「現役の売れる販売員」としてコンサルや研修をしているんです。

ほかのコンサルや研修講師はそんなことはやりたがりません。なぜなら売れなかったら恥ずかしいから。さらにいえば、コンサルや研修講師を5年も10年もやっていて現場の仕事をしていないと、だんだん現場と感覚がずれてきてしまうんですね。これだと、言っていることは立派だけど、結果が伴わなかったり、現場の人が本気でやる気になってくれなかったりします。

僕はコンサルの仕事を18年やっていますが、**現場の人たちは僕の話を自分ごととして受け止めて**くれます。**なぜなら、僕はいまだに現場に立っているから**です。

とはいえ僕も、クライアント先ではそんなにすぐには売れるようにはなりません。なぜなら、1~3章まで解説したような膨大な準備をせずに、クライアントのお店に立たせていただくわけですから。現場に立ちながら、お客さまとお話をしながら、仮説検証を繰り返しながら、セールスデザインをその場で組んで、PDCA（計画→実行→評価→改善）サイクルを回していくからです。

ちなみに売れなくてパートさんに何回か言われて「めちゃくちゃ傷ついた言葉ランキング」が僕の中であるので、その1位をご紹介します。

土産物店を運営する会社に、とても怖いパートさんがいました。研修中もロクにメモを取らないし、ずっと腕を組んでいる人でした。研修後、お店を回って、僕が実際に店頭に立つ場面があったんですね。その時、セールスしたら売れませんでした。

そしたら「先生、研修では偉そうなこと言っていましたけど、全然売れないんですね」って言われたんですよ。

帰り道、すごく悔しくて、その店が使っている商品を一通り買って、すべて食べて特徴を書いていきました。次に研修に行く際も、単語カードに商品名と特徴や成分表などを全部書いて記憶していきました。

それで次に行った時に、その女性の半分ぐらい売れたんです。

そしたら「なかなかやりますね」と言って褒めてくれたんです。

いくら僕がセールスのプロだとしても初めての商材を扱う場合は、その商品をずっと扱っている人の方が最初は売れます。それでも、僕にはプライドがあるから、必死で頑張ったわけです。結果的に、その人よりも売れるようになりました。

その後、**その女性が一番の協力者になってくれて、店全体の業績アップを果たす**ことができました。

その意味では、**「結果を出す」ことは、現役の販売員にとってすごく重要。**

自分が取り扱っている商品やサービスが、業界に対して抱くイメージと真逆だったとしたら、どんなワードだと付加価値に変えられるのかを言語化していくことが重要です。

競合他社と明確に違う〝勝てる価値〟は何なのかをとことん突き詰めることが大事です。

なぜなら最初は絶対に比較されるからです。

紹介されて、契約する場合ももちろんありますが、人は基本的に損失を最小限に抑えたい生き物。そのために、競合商品同士を並べ、それぞれがどんな特徴かを割り出していき、最終的に「じゃあこれにしよう」と決断を下すわけです。

なので、「他社とどのような形で差別化を狙っているのか」、「他社に負けているのはどこか」を聞いてください。

なぜ「負けている点を聞くのか」といえば、負けている点を軸にして商談が進むと、絶対に勝てないから。自社の強みに特化した商談設計にして、「負けている部分は何か」という話題にならないようにする必要があるのです。

税理士事務所のオーナーさんに対しても同様のヒアリングをしています。皆さんも、徹底的なヒアリングを行い、顧客との付き合い方、強みの打ち出し方を整理していってください。

最初から買う気になるセールスデザインとは

売り込むことをせずに全体設計をする

本章の仕上げとして僕が最も強みとしている、**売り込む（クロージング）ことをせずに商品やサービスを売っていくための全体設計**をしていきます。今回例に挙げた税理士事務所では具体的にどんな取り組みをしたのか、以下で解説していきます。

まず、自分たちの業界のイメージを調べます。

税理士業界のイメージについて調べてみたところ、「怖い」「相談しにくい」「話をちゃんと聞いてくれなそう」といったものがありました。

僕にとっては意外なイメージでびっくりしました。というのも、今回例に挙げた税理士の先生は、人柄もよく、質問したらその日中に返事をくれる人で、僕は不満を持ったことが一度もなかったからです。そればかりか話をしていて、リラックスでき、気兼ねなく質問ができます。やはり、この「親切」「相談しやすい」というのが一番の価値じゃないかと思いました。

そこで、その価値を前面に押し出して商談の設計をしていく必要があると考えました。

具体的に注目したのが「紹介者」です。外部の紹介者がその税理士事務所を「推して」紹介してくれるわけですが、どうやって紹介してもらえ

2 最初から買う気になるセールスデザインとは?(例)

- 出会いから税務提案までのロードマップを作る
- 親切・相談しやすいが一番の価値
- どうしたら親切・相談しやすいと思われるのか?
- リアル・オンライン・情報発信の使い分け

れば効果的なのかをまず考えました。

やはり紹介者が、「親切で相談しやすい税理士事務所があるよ」というかたちで口コミを広げてくださるのが、一番価値が伝わりやすい。

この「親切」「相談しやすい」という感想をどうしたらもっと紹介者に持ってもらえるかをすごく考えました。

そこで、図表4番目の、いくつか取り組んだ内容をお話しさせていただきます。

「リアル」「オンライン」「情報発信」の使い分けを実行し、いろいろなトライアルをしました。

例えば「オンライン上で情報発信していきましょう」と言ってX（旧ツイッター）をやってもらったりもしました。実際これは全くダメで、リアルの紹介者を増やしていく方がいいと思ったので早々に見切りました。

また、「見込み客」を育成する目的で、FacebookのメッセンジャーとLINEのオープンチャットを使って、「当社の税務情報に興味のある方がいらっしゃったら紹介してください」と案内する場を作り、まだ契約を結んでいない人でも質問できる体制を整えました。

無料の相談でも誠実に答えてくれますし、話がとても上手な先生なので、動画を作成するということも始めていきました。また、Xのように短文ではインパクトを残せなくても、長い文章だと自身の良さを生かしてわかりやすく書くこともできる人でした。

それを活用して、例えば既存客からこんな質問がよく上がってくるとか、税務相談の悩み、税務関係の制度がこんな風に変わったということを小冊子にして配るということもやってみました。

すると、「こんなにわかりやすいんだ」とか「既存の人たちの相談にも乗ってくれているんだ」という印象を与えられますよね。

だから今はメインで小冊子と、メッセンジャーのグループと、LINEのオープンチャットでの情報発信をしてもらっています。

見込み客を育てるコミュニティを作る!

これについても、ご自身のキャラクターや長所、販売する商品・サービスによって、合う、合わないがあるので、いろいろトライしてみてください。インスタでもショート動画でもいいと思います。そうやって見込み客から「親切だな」とか「相談しやすいな」と思ってもらうために、ツールを一つ用意しておくのはすごくいいと思います。

紹介者にとっても、わざわざ実際の商談の場にいきなり相手を連れてくるのはハードルが高い。その前段階で、だれでも気軽に入れるSNSのグループなどがあると、紹介もスムーズに進みます。その結果、「見込み客」のちょっと手前ぐらいに位置する人たちもそのグループに入ってもらっています。

その効果はどうかといえば、例えば、個人事業主の人で売上高が1000万円を超えて「そろそろ税理士事務所と契約しようかな」という人であれば、最初に相談の連絡を入れてくるでしょう。

紹介者から直接紹介してもらうのは、とても効果的ですが、紹介する側も自分の信頼に関わるので吟味して紹介することになるから頻繁に紹介してもらうことは難しいでしょう。しかも、いろいろな付き合いがあるので、必ず自分を紹介してくださるとは限りません。

でも僕は、「根こそぎすべて」を取りたいのです。

そこで、ハードルの高そうなかしこまった「紹介」ではなく、紹介された側のメリットがはっきりしている「コミュニティ」を作って、そこに紹介者は案内すればいいだけにします。

「税理士の先生が定期的に役立つ情報を紹介してくれるコミュニティ」など、**自身の本業と関係があり、かつ見込み客にとって参加するメリットがあるものがよいです。**

案内するだけならハードルが低いですから、紹介者の負担にならないですし、気軽に案内できますよね。

セールス設計としては、「見込み客を育てるコミュニティ」という位置づけです。ここでKPIを設定してコミュニティを運用するのです。

このコミュニティを活性化させ、「親切で相談しやすい」イメージを醸成します。見込み客のニーズも事務所への信頼も育てば、こちらから何もしなくても向こうから「税務をお願いします」といわれるようになるわけです。そうなったら、あとはこちらが見込み客のニーズや要望をヒアリングして提案すれば、まず断られることはなくなります。

全体設計がはっきりしたらやるべきことは簡単です。

紹介者をとにかく増やしていけばよいのです。**紹介者がどんどん「コミュニティ」に見込み客を誘導してくれるので、このコミュニティ内のコンテンツを拡充させていき、自身の強みを少しずつ見込み客に理解してもらえばよい**のです。そうしたら、ほぼ見込み客の方から「お願いします」と声をかけてくる状態になるので、商談の場をセット、そこで1〜3章で説明したことを実施していけばOKです。

ですから、この「出会いから提案までのロードマップ」を作りましょう。本人の強みであり業界のネガティブな面を逆手に取れるものを訴求し、欲しいという状態になってもらうロードマップです。

人によっては、コミュニティの作り方についても、オンラインよりもリアルのコミュニティの方が、真価を発揮できる人もいるので、それはケースバイケースで自分の強みに応じて設計していってください。

紹介者からのリードがほぼ100%の集客になる

自分からGIVEすれば、紹介者がTAKE（紹介）してくれる

次に「紹介者からのリードがほぼ100%の集客になっている」状態を作ります。

ここでは、紹介者の方に**「返報性の原理」**が作用するようにします。第4章でもふれましたが、これは人から何かをもらったときに、「お返し」をしたくなる心理作用のことです。

つまり、あなた自身（ここでは税理士の先生）が、定期的に見込み客を紹介してくださる人に対して、まずはたくさんのGIVE（与えること）を提供することで、紹介者からTAKE（紹介）

してもらうことを戦略的に行おうということです。

まさにGIVE&TAKEで、先にGIVEをしていくことが重要です。


具体的な取り組みとして、図表一番下の「濱村美食会」という飲み会にご招待しています。これが「紹介が増えるコミュニティ作り」につながっています。

この「濱村美食会」とは何かというと、本章の主役である税理士の先生(濱村さん)が主催している飲み会コミュニティなんですね。関西出身の酒好き話好きの先生でとても面白い人なんです。

そこには士業の方などさまざまな専門家が入っていて、コミュニティの中で、仕事が生まれやすい場になっています。

3 紹介者からのリードをほぼ100%の集客にする手順(実践例)

- 紹介者の返報性の原理が生まれる方法
- 紹介が増えるコミュニティづくり
- 紹介者向けの集客コンテンツの用意
- 紹介者の絶対数が増えるコンサルティング事業
- 紹介者(士業)グループを作り双方に紹介しあう仕組みを作る
- 「濱村美食会」という食事コミュニティへの招待で顧問先との出会いを作っている

実利があれば、ただの飲み会にならないですむので、積極的に参加しようと思うし、その貴重なコミュニティに参加できて感謝の気持ちが芽生えるじゃないですか。

具体的には、士業の先生を招待したときは、濱村先生の顧問先のなかから、士業の人に紹介すると良さそうな人を2〜3人ピックアップして紹介しあう、ということを月に数回しています。

これは、めちゃくちゃ感謝されます。多くの士業の人や保険外交員などは、普段スポットで仕事を取ってくるわけなので、常に不安がつきまとうんですね。濱村先生のコミュニティに入ることで、定期的に顧問先を紹介してもらえるのはすごく大きな安心感につながると思います。

このように、「返報性の原理」が生まれるように、紹介者の皆さんを招いた食事会を定期的にセッティングすることを大事にしてもらっています。

どんなコミュニティにするかですが、「自分の強み」を生かすのがポイントです。飲みに行くのが嫌だったり、そもそもお酒の席が苦手だったりする人が同じことをやろうとしてもうまくいきません。なので、その人に合った、返報性の原理が利きやすい〝GIVE〟を考えてください。

なお、その会は不定期開催にすると参加率がガクッと落ちるので、定期開催にするとよいです。

このようにすると、「紹介者」はあなたに〝TAKE〟したくて仕方がなくなります。

自動で集客する仕組みを作る方法

次に取り組むことが、**紹介者の営業力の強化**です。

紹介者の営業力が強化されれば、紹介してくれる見込み客が増えます。

「えっ⁉ 自社ではなく、他社の営業を強化？ そんなことまでするの？」

と思うかもしれませんが、そこまでするから自動で集客できる強い仕組みになるんです。

具体的にどんなことをするかというと、最初はSNSの活用を考えたのですが、皆さん苦手だったのでうまくいきませんでした。

そこで、僕が指導した内容をコンテンツ化して、紹介者の方々（この人たちは士業や保険外交員などです）に個人事業主（これが自身の見込み客の前段階のお客になります）向けのセミナーをしてもらっています。

セミナーの受講者は自身の仕事を強化できますから、紹介者の先生に依頼するニーズが出てきます。それは紹介者からしたら顧客獲得なわけですから、その顧客の中から濱村先生のところに見込み客紹介が行われるようになるというわけです。

例えば、濱村先生に見込み客を紹介してくれる紹介者は5人いるとしましょう。いずれも弁護士、行政書士、そして保険の外交員などの個人事業主の人です。これらの各紹介者は毎月10人のお客さまを獲得していたとします。今回、僕の提案によりそれが倍の20人になったとします。すると濱村先生に紹介してもらえる見込み客の数も倍になるわけです。

はっきりいって、個人事業主一人で営業を強化しても限界があります。右の例で見ても月の見込み客が倍になったとしても10人しか増えません。しかし、紹介者が5人いれば見込み客は50人も増えるんです。

わかりますか？　自分だけでやっても限界があるから、みんなで営業力を強化することで、「てこ」の原理を使って大きな効果を得るのです。そして、最終的に自分のところに紹介のかたちで見込み客が集まってくるように設計するというわけです。

ここまでくれば、毎月自動的にそこから仕事が入ってくるようになります。

このように自動的に「集客」が増える仕組みを作り、「集客」→「コミュニティ」→「見込み客へと育成」→「依頼」→「提案」→「成約」のスムーズな流れを作っていけば、無駄がなくなり、売上を増やすことができるのです。

紹介者向けの集客コンテンツを用意すると、紹介者である士業の先生の営業力が強化されるので、こちらの実入りも増えます。労力なしに仕組みで集客できるようになるわけですね。

実は僕は、士業向けにこの仕組みを構築するための塾を2022年に開講し、今3期生が学んでいるところです。

既存客の満足度を上げて紹介を生む

既存のお客が離脱しない取り組みとは

最後は実際にお客さまを獲得し満足度を上げて「ファン化」するというもの。ファン化の効果は、既存客がさらなる見込み客を連れてくるということです。やはり既存客が満足しなければ、事業は大きくなっていかないのです。

税理士事務所も同じです。お客さまが解約したら、当然ストックが減っていきます。

よく「バスタブ理論」と紹介されることがありますが、蛇口をひねることによって出てくるのが新規のお客さまで、その下にある黒い栓が、顧客満足度だという考え方があります。栓がされていなければ、ずっと顧客は流出し続けてしまいます。

だから、栓をちゃんと閉めるってことが大事なんです。そうでなければ焼き畑農業のように、ずっと新規を取り続けるために売り込みをしなければならない、という本書で紹介した冒頭のような話に戻ってしまいます。

顧客をずっと保持するための方法は「フォローアップ」に尽きます。ちなみに濱村税理士事務所の解約率は0・4％以下です。すごくないですか？

基本的に会社が潰れない限り、税理士事務所を変えることはないと思われがちですが、そん

4 既存客の満足度を上げて紹介を生む

- 解約率が0.4％以下の理由
- 情報発信内容・量共に競合が手薄になっているところを中心に行う
- 不定期で業績アップにつながるセミナー開催（見込み客を連れてくる仕掛け）

なことはありません。けっこうスイッチも多いですし、顧問先企業が倒産したら、当然売上を失います。

だからきっちりとした税理士事務所は、**顧客がちゃんと業績が上げられるように「フォローアップ」をやっているのです**。濱村税理士事務所でも、定期的にセミナーや勉強会を開催し、有名な飲食店のオーナーさんに登場してもらうなどして、顧問先の業績を上げるための取り組みを行っています。

そうした努力を惜しまないからこそ、顧問先が倒産しないし、契約し続けてくれるんですね。そうすることで、顧問先と長くお付き合いができる。ベースの既存客からの売上が安定していれば、心置きなく新規獲得に必要な時間を注げるわけです。

税理士は意外と競争が激しい業界で、結構顧問先を鞍替えする会社や人は多いです。鞍替えのきっかけになりやすいのが業績アップにつながるセミナーです。そこには違う税理士事務所と契約している人も参加します。

その人たちが「えっ？　濱村先生はそんなことまでしてくれるの？　うちの先生は何にもしてくれないよ」と思ってしまうようなセミナーを実施しているんですね。まあ、僕もしゃべるので中身はスゴイですよ(笑)。その結果、依頼につながることも多いんです。

だから既存のお客さまを満足させるほど、それがきっかけになって紹介が生まれるのです。皆さん、新規顧客の獲得に血まなこになるのですが、既存のお客さまの流出を止めることの方が先決です。

解約率を下げるにはフォローアップが命

お客さまの業績アップや課題を解決するために、何ができるかを考えないといけません。事業主は何を一番求めているのかといえば「売上を上げる」「離職を減らす」といったことです。会社を潰したくないので当たり前です。

そこにどんな力になれるのかを追求して、メッセージを送るなりしてフォローアップしていくことがすごく大事です。

もちろん、メッセージを受け取っても見ないという人はいると思います。それでも「顧客のことを大事に考えてくれている」「手厚く対応してくれている」「ビジネスのヒントになることを教えようとしてくれている」ということが、メール1通からも伝わるのです。

だから、**契約を更新し続けてもらうためには、定期的なフォローアップが欠かせません。**「読んでくれてない（かもしれない）のに大丈夫かな」と思う方もいると思いますが、とにかくやり続けるべきです。それがゆくゆくは契約を続ける理由にもなっていくからです。定期的なメールも、存在を忘れない重要なツールとして機能するし、大事にしてくれているという実感を与えることもできるからです。

その手段はテキストでも動画でも音声でも何でもオッケーです。

その結果、濱村税理士事務所の年商は1900万円から6000万円へと3倍になりました。ただ、一気に契約数を増やしたのではなく、2年ほどかけてじっくり売上を伸ばしていきました。ここからさらに1億円へ引き上げるために、3か年計画をたてて、実行に移そうとしているところです。

ただ、改めて言いたいことは、成功した理由の本質は、「濱村先生の人柄」にあります。本当に素晴らしいんですね。そこが強みなのですが、実は本人はそのことに気づいていない。だから、既存顧客にヒアリングして自身の正しい強みを理解し、それを強調できるセールスデザインを組むのです。皆さんも、強みがあるのにその強みに気づけていない人が多いと思います。

ぜひ、既存顧客に尋ねて、**「自身の強み」を可視化**してください、そしてその強みが伝わるように、セールスデザインを組んでください。

ちなみに僕の場合は、キャリアも実力もなかったので「みんながやりたくないことをやる」ことを強みにせざるを得ませんでした。それでも強みを磨き、徹底すれば、お客を増やすことができるんですね。

濱村先生の事例を参考に、**どうしたら売り込まずに商品やサービスが売れるのか、どうしたら商談の相手から、座った時点で「買います」と言ってもらえる状態を作れるか**に、ぜひ取り組んでみてください。

本書をすべて読んでいただき、一つひとつ着実に実行していけば必ず売上や販売成績を大きく伸ばすことができます！　僕と一緒に、頑張っていきましょう。

おわりに

「なぜ自分が欲しくもないものを、売り込まなければいけないのか？」

これが、セールスを始めたばかりの僕が最初にぶつかった「大きな壁」でした。

この壁を乗り越えるのはとてつもなく大変でしたが、一度乗り越えて以降は、セールスという仕事が大好きです（本書をすべて読まれた皆さんなら、どうやって乗り越えるかはわかりますよね？　そうです、商品を徹底的に好きになるんです！）。

ぜひ本書を何度も読み返して実践に移し、トライ＆エラーを繰り返しながら諦めずに自分のものにしていってください。そうすることで、ある日突然、セールス中に「まるで雑談をしているかのような」和やかさのなかで契約が決まるようになります。

商談前（接客前）に、「売れるかな」と考えて過度に緊張することも、ナーバスになる必要もありません。

商談中、接客中も、お客さまは納得した上で「このパソコンにします」や「御社に研修をお願いします」とご自身から「売ってほしい」という意思表示をしてくださるので、販売後のクレームや契約後のトラブルもほとんどありません。

本書で書いている通りに、事前準備に力を入れてお客さまに憑依し、質問を通してお客さまに寄り添いながら会話を展開していくことで、「売り込まずに」買っていただくことができるようになります。

そして、本書で紹介した圧倒的な顧客視点を身につけることで、お客さまの「パートナー」になれます。ここまでくれば、「お客さまにとって欠かせないパートナーになること＝セールスの本質的な仕事」だということに気づき、お客さまもあなた自身も幸せになる、「勝手に売れ続ける最高のセールス」を体現できていることでしょう。

話は戻りますが、「売り込む」「売り抜く」という顧客視点を置き去りにしたセールスの考え方を全否定してここまでやってこられたのも、僕が人一倍傷つきやすい性格だったからです。

僕と同様、あなたもあなたにしかない性格を持っています。

もっとわがままになっていい！ 心からそう思います。

既存のセールス手法にムリに自分を合わせる必要はありません。「こういうやり方も試し